AF450493

CURIOSITEZ

DE
LA NATURE

ET

DE L'ART,

Aportées dans deux Voyages des
Indes ; l'un aux Indes d'Occident
en 1698. & 1699. & l'autre aux
Indes d'Orient en 1701. & 1702.

AVEC UNE RELATION
abregée de ces deux Voyages.

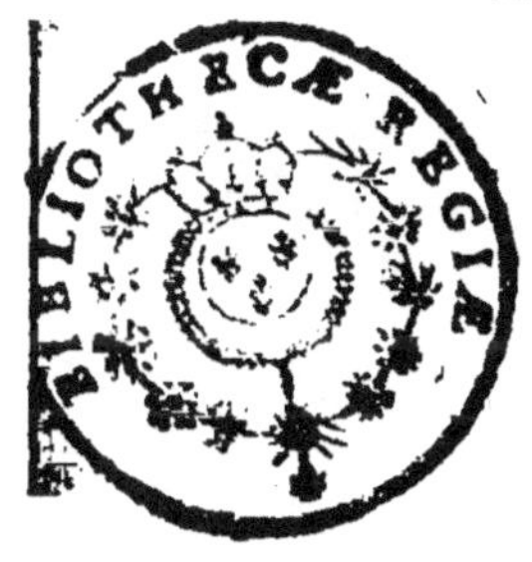

S. 1358.

A PARIS,

Chez JEAN MOREAU, ruë S. Jacques,
à la Toison d'Or, vis-à-vis S. Yves.

M. D. CCIII.
AVEC PRIVILEGE DU ROY.

S. 1358.

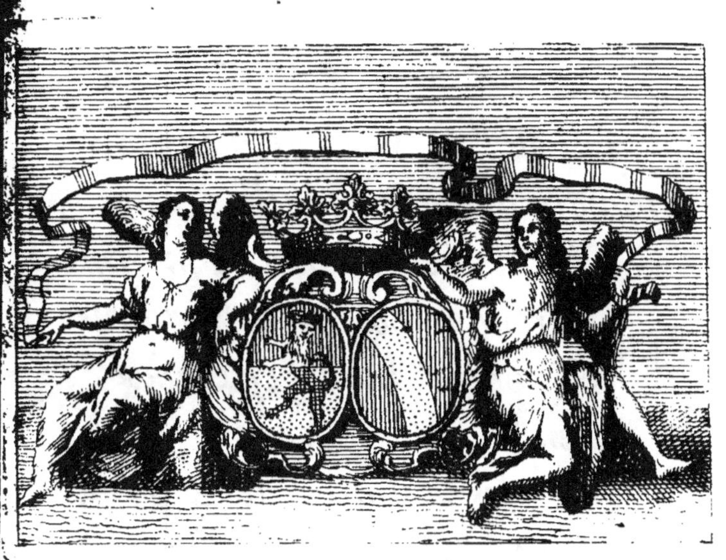

A MADAME
LA MARQUISE
DE
LA VALLIERE.

ADAME,

Le favorable accueil, dont vous m'avez honoré, lors que

EPITRE.

j'ai eu l'honneur de vous faire voir quelques feüilles imprimées de cet ouvrage, me fait espérer que vous ne defaprouverez point la liberté que je prends, de le rendre public fous les auspices de votre illuftre Nom. Je ferois bien content fi la lecture de ces recherches, pouvoit, MADAME, vous divertir quelques moments. Mais je dois craindre ce difcernement fi jufte, & cette vertu auftére, qui veut trouver par tout un air de cette piété admirable, que vous joignez au Sang illuftre, dont vous étes née. Toutes vos actions, MADAME, répon-

EPITRE.

dent parfaitement à la grandeur de votre naiſſance, &
à ces nobles ſentiments de valeur, & de Religion, qui
ſont de tout tems heréditaires
dans votre Maiſon : car enfin
elle s'eſt toûjours diſtinguée
par les importants ſervices,
qu'elle a rendus, & qu'elle
rend encore continuellement à
l'Egliſe, & à l'Etat. Je ne me
hazarde pas d'en dire davantage ; je ne ſuis ni Hiſtorien,
ni Orateur : & quand je ſerois
l'un & l'autre, je dois ſonger
à ne pas bleſſer votre modeſtie,
qui vous fait placer les loüan-
ges, que votre mérite vous attire parmi les plus inſuporta-

á iij

bles chofes de la vie. Il vaut
mieux, MADAME, que je
penfe à implorer votre prote-
ction, & à mériter la permiffion de me pouvoir dire
avec un refpect infini,

MADAME,

Votre très-humble & très-
obeïffant ferviteur,
***

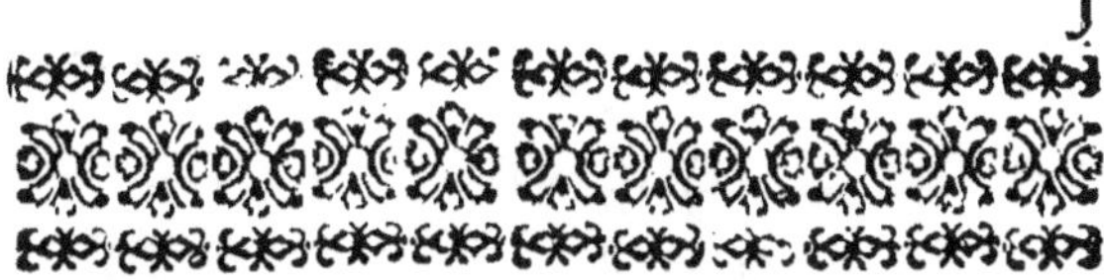

PREFACE.

IL y a des personnes bien sensées, qui voudroient que l'étude des Physiciens se tournât à la recherche des vertus, & des propriétez, que l'Auteur de la Nature a mises dans les Minéraux, dans les Plantes, & dans les Animaux. A la verité cette connaissance leur coûteroit moins de peines ; & seroit plus utile à la societé des hommes, que toutes ces vaines disputes, qui les occupent depuis tant de siècles. Il est étonnant que depuis environ deux mille ans que l'on philosophe inutilement, pour

découvrir l'essence, & la nature de chaque chose, on n'ait
point reconnu, que puisqu'on
n'a pas réüssi jusqu'à présent
dans cette recherche, on n'y
réüssira jamais. Toutes les choses naturelles, & sensibles, font
composées de la même masse
de matiere; & toute la diference, qui est entr'elles, ne vient
que des divers arrangements,
que la figure, le mouvement,
la contexture, & la differente
situation ont aportez dans cette matiere.

Or cette diférente organi-
sation est le jeu de la Toute-
puissance de Dieu; *Ludens in
orbe terrarum.* Proverb. VIII.
C'est le secret mécanisme de
ses merveilleuses opérations au
dehors de lui-même; c'est ce
que les Philosophes cherchent
à connaître depuis si long-

tems. Leur travail n'eſt pas plus avancé que le prémier jour. Pour ſavoir la diference ſpécifique de chaque choſe, & ce que l'Ecole nomme, *forme ſubſtantielle*, ou *cauſe formelle*, il faudroit l'aprendre de cette Sageſſe Eternelle, qui accompagnoit le Créateur dans la formation de l'Univers, & qui parle ainſi d'elle-même : *J'ai été établie dés l'éternité, & dés le commencement, avant que la terre fut créée. Les abîmes n'é-toient point encore, lorſque j'étois déja conçûë ; les Fontaines n'é-toient point encore ſorties de la terre ; la peſante maſſe des Mon-tagnes n'étoit pas encore formée ; j'étois enfantée avant les colli-nes. Il n'avoit point encore créé la terre, ni les Fleuves, ni afer-mi le monde ſur ſes pôles. Lorſ-qu'il préparoit les Cieux, j'étois préſente ; lorſqu'il environnoit les abîmes de leurs bornes , & qu'il leur preſcrivoit une Loi inviolable ; lorſqu'il afermiſſoit l'air au deſſus de la terre , & qu'il diſpenſoit dans leur équilibre les eaux des Fontaines ; lorſqu'il renfermoit la mer dans ſes limites , & qu'il impoſoit une Loi aux Eaux , afin qu'elles ne paſſaſſent point leurs bornes ; lorſqu'il poſoit les fondements de la terre ; j'étois avec lui , & je réglois toutes choſes :* Cum eo eram cuncta componens. Proverb. Cap. VIII. ℣. 23. &c. Pour ſavoir donc ce qui conſtituë formellement l'eſſence d'une choſe , il faudroit avoir été du conſeil de Dieu , quand il formoit les Créatures. *Quis conſiliarius ejus fuit.* Rom. XI. ℣. 34. Nous n'en ſavons pas aujourd'hui plus qu'en ſavoient

Platon, & Ariftote, qui n'en favoient rien du tout.

Un brin d'herbe, que nous foulons fous nos pieds, eft l'écueil de tout le fuperbe apareil de la Philofophie. Un payfan en voit autant par fes yeux, qu'un Phyficien en fait après trente années d'étude, & de contemplation : fi ce n'eft peut-être, que ce Phyficien par le fecours d'un bon microfcope fpéculera plus intimement la furface de ce brin d'herbe. Mais après tout où il ira-t-il, avec cet ingénieux inftrument d'Optique ? Il verra un peu mieux l'admirable contexture de la matiere dans la fuperficie de ce brin d'herbe; & pas davantage. La caufe formelle, qui fait l'effence, & la nature de quelque corps que ce foit, n'eft point à la

portée des machines de l'Optique, ni de la jurifdiction des
fens ; & la raifon, qui ne juge
que par leur miniftere, des
chofes naturelles, ne peut pas
aller plus loin. Quand les
Philofophes fe font hafardez
de vouloir paffer au-delà, ils
font tombez dans des contra-
dictions, & dans des extravagances, qui dégradent la Philofophie. Autant de pas, autant de chûtes ; & nous devons de la pitié à leurs égare-
mens, & à leur honte. Il n'y a
qu'à les fuivre, dans leurs prémieres démarches, pour voir
de quoi ils font capables.
Voyons feulement, comme
ils s'y prennent, pour expliquer les élémens, dont les
chofes fenfibles font compofées.

Héraclite dit qu'il n'y a qu'un
élément, & que c'eft le *Feu.*

Talès de Milet foûtient que c’eft l’*Eau*. D’autres affurent que c’eft l’*Air*. Anaximandre prétend que ce n’eft point le feu, ni l’eau, ni l’air ; mais que c’eft quelque chofe de plus groffier que le feu, & de plus fubtil que l’air. Les uns n’admèrent qu’un élément, d’autres en reconnaiffent deux ; quelques-uns trois ; les Péripatéticiens quatre ; les Chimiftes cinq. M. Defcàrtes fe foûlève contre tous les anciens, répudie tous leurs élémens, & en forge trois nouveaux, qu’il crait pourtant s’être trouvez à la naiffance du monde. M. Gaffendi, qui ne peut convenir avec la plûpart des anciens, & qui ne fauroit gouter la matiere fubtile, la matiere globuleufe, & la matiere cannelée de M. Defcar-

tes, met en campagne la for-
midable armée des Atomes
d'Epicure ; & felon cet Epicure, par le plus hûreux ha-
fard qui fut jamais, il s'en eſt
formé tout l'Univers, fans que
perfonne y ait fongé. Pour Ariftote, après avoir pofé, que
le monde n'a point commencé, & qu'il eſt éternel, il s'eſt
avifé de créer les quatre Elemens, qui ne fubfiſtent que
dans fa Philofophie. Car dans
la nature, il n'y a point certainement une terre, une eau,
un air, & un feu, qui foient
des corps fimples au point où
le doivent être les prémiers
principes des chofes naturelles. Quant à l'éternité du monde, il n'a point fait attention
à l'état, où étoient les Siences, & les Arts de fon tems.
Tout étoit fi nouveau, fi grof-

fier, si imparfait, dans les arts ;
qu'il ne falloit pas d'autre argument, pour reconnaître non
seulement que le monde n'é-
toit pas éternel ; mais que
même il ne pouvoit pas être
fort ancien. Nous savons le
point de la naissance des
Siences ; & l'Histoire des siècles les plus reculez, porte
des vestiges d'un monde tout
recent.

Parkérus Anglois a paru
depuis quelques années sur les
rangs. Il a déclaré une guerre ouverte à Aristote, à Descartes, & à Gassendi ; il les
suit pié-à-pié ; & gagnant
toûjours du terrain sur eux,
il les chasse enfin du pays de
la bonne Philosophie. Il aban-
donne à M. Descartes la vivacité de son esprit, & sa vaste
connaissance dans les Mathé-

matiques ; mais du reste, il l'accuse de n'être point entré dans la Philosophie par la porte de la Dialectique, qu'il ignoroit, dit - il, absolument. Et delà il s'aplique à le représenter, non comme un bon Physicien ; mais comme un avanturier dans la région des tourbillons, & des chiméres. Il faut avouer que s'il falloit composer un corps de Physique, des sentimens de ces Philosophes, dont les grands noms sont si vantez dans le monde, on feroit un ouvrage le plus burlesque, qui ait jamais été. En éfet, ces Mages qui ont philosophé chez les Perses ; ces Caldéens qui se sont faits un si grand nom dans la Babilonie, & dans l'Assirie ; ces Brachmanes, ces Gymnosophistes qui ont brillé

dans

dans les Indes ; ces Prêtres
d'Egypte qui étoient les dé-
positaires de toute la Littéra-
ture des Egiptiens ; ces Drui-
des qui ont enseigné la sagesse
dans les Gaules ; en un mot
ces Philosophes, dont la Grè-
ce étoit si fort entêtée, étoient
assurément de mauvais Physiciens. Anaxagore disoit que le
Soleil n'étoit point autre chose, qu'un gros caillou embra-
sé. Les Egiptiens soûtenoient
que le Soleil, & la Lune étoient
deux Divinitez adorables ; que
le Soleil étoit *Osiris*, & la Lune *Isis*. Aristote donnoit à
châque Astre, & à châque
Etoille, un conducteur pour
les mouvoir, & pour les régler. Les Stoïciens vouloient
que le monde fût un grand
animal ; peut-être quelques-
uns d'eux auront pensé que le

Soleil , & la Lune étoient ſes deux yeux. Pline eſt allé plus loin ; il croyoit que le monde étoit Dieu même ; & il lui donne tous les attributs de la Divinité. Epicure enſeignoit que le monde avec tout l'or- dre, & toutes les beautez , que nous y admirons ; s'eſt fait tout ſeul par la rencontre , & le fortuit concours des Atômes, ſans qu'aucune cauſe intelli- gente s'en ſoit mêlée. Si quel- qu'un s'aviſoit de ſoûtenir , que l'horloge de la Samaritai- ne, qui eſt ſur le Pont-Neuf, s'eſt faite elle-même, s'eſt ar- rangée , s'eſt miſe en mouve- ment , & s'eſt réglée , ſans que perſonne y ait mis la main, on l'accuſeroit de folie ; on le prendroit pour un imbécile ; & on ne le croiroit pas. Ah ! Seigneur ! Qu'eſt-ce que cette

Horloge , toute ingénieusement faite qu'elle eſt , en comparaiſon de l'immenſe machine de l'Univers ? Tant il eſt
vrai, qu'il n'y a point d'extravagances , où ne ſoient tombez les Philoſophes , quand ils
ſe ſont ingérez de pénétrer
dans le ſein de la Nature , &
d'expliquer l'eſſence des choſes naturelles. Toute l'intelligence des hommes ne ſauroit
aller là. Dieu n'a point fait
l'Univers , pour être l'objet
de nos recherches. Il l'a fait,
afin que nous l'y cherchaſſions
lui-même ; & que nous y reconnuſſions dans le ſilence d'une contemplation Religieuſe
ſa Divinité, ſa Puiſſance éternelle, & toutes ſes perfections
inviſibles , que par la Création
du monde il a ſi ſenſiblement
dépeintes dans ſes ouvrages.

Il nous en a caché la cause
formelle , non pas pour nous
la faire chercher : qu'en avons-
nous afaire ? mais afin de nous
fixer à la connaissance de la
Cause Efficiente , qui est lui-même ; afin de nous élever par
la vûë des merveilles incom-
préhensibles de la nature , aux
choses invisibles ; en un mot,
afin de nous faire monter des
créatures au Créateur. Le
Sage dans l'Ecriture Sainte se
rit des inutiles éforts de ces
superbes Philosophes, qui veulent connaître la nature , &
l'essence de châque chose :
Dieu , dit-il , a livré le monde à leur ignorance, & à leurs
disputes : *Mundum tradidit dis-*
putationi eorum, Ecclef. Cap.III.
⅞. 11. En éfet dans cette con-
fusion d'opinions si étranges ,
le monde est devenu pour eux

un cahos, où ils ne comprennent rien, & où ils se perdent. Qu'un Philosophe est embarassé, quand il veut trouver la raison, pourquoi le mouvement des Astres est circulaire, pendant que le mouvement des élémens est droit, & perpendiculaire du haut en bas, & de bas en haut ! Il a beau donner la torture à son esprit, il ne rencontrera dans sa tête que des songes, & des chimeres ; il faut qu'il s'élève jusqu'à Dieu, qui a établi ces Loix oposées, & ces mouvements contraires, dont dépend cependant toute l'harmonie de l'Univers. Ainsi il ne reste à un Physicien que la contemplation, & l'étude *des Usages*, que la sagesse de Dieu tire de ce diferent arrangement de la matiere; & *des Fins*, où sa sagesse, &

fa bonté conduifent toute cette matiere mûë par des mouvements fi difcordants. Tout
cela, pour conferver la nature dans un état de confiften-
ce inaltérable : & le tout pour
le fervice de l'homme. Seroit-
ce renfermer un Philofophe
dans des bornes étroites, que
de lui abandonner la contemplation du mouvement des
Aftres, fans lui permètre pourtant d'imaginer des Loix de
Mécanique, par lefquelles il
prétendroit que la matiere une
fois en mouvement, fe feroit
arrangée d'elle-même dans ce
bel ordre, que nous voyons
dans les Cieux ? La raifon ne
connaît point ce prétendu mécanifme ; felon lequel, quelques-uns veulent, que la matiere en mouvement devoit
faire d'elle-même des tour-

billons , des Aſtres , le Ciel ,
la Terre , les Plantes , les Animaux , &c. Mais voici comme
la raiſon penſe , & parle ;

O! Sageſſe , ta Parole
Fit éclore l'Univers ;
Poſa ſur un double Pôle
La terre au milieu des Mers.
Tu dis. Et les Cieux parurent ;
Et tous les Aſtres coururent
Dans leur ordre ſe placer.
Avant les Siécles tu régnes :
Et qui ſuis-je , que tu daignes
Juſqu'à moi te rabaiſſer ?

   M. Racine.

Ce Philoſophe encore une
fois , n'auroit-il pas aſſez d'eſ-
pace , pour donner carriere à
ſon eſprit , en lui cédant les
météores , l'air , la terre , la
mer , les mineraux , les plantes , & les animaux , pour les

objets de ſa ſpeculation ? La gé-
nération des météores , des
mineraux, des plantes, des a-
nimaux ; leurs divers états ;
leur acroiſſement ; leurs orga-
nes ; la maniere dont ils prennent leur nouriture ; l'anatomie de ces choſes ; la découverte de ce qui les compoſe ;
enfin leur décompoſition même ; tout ce qu'une exacte analiſe en peut tirer de ſels, d'eſprits, de ſucs, de ſoufres, leurs
uſages ; enfin leur utilité , leurs
forces, leurs vertus, leurs facultez , pour la ſanté , & pour la
vie de l'homme ; tout cela n'eſt-
il pas ſufiſant , pour ocuper le
génie d'un nombre de Phyſi-
ciens incomparablement plus
grand qu'il n'eſt ? Et alors la
Phyſique ſeroit utile à la ſociété des hommes, & les méne-
roit même à Dieu, par la né-
ceſſite

cessité de reconnaitre, que la matiere, qui est par tout la même, n'a reçû ces diféren-tes qualitez, dont nous ti-rons tant de secours, que par la diferente configuration, que l'Auteur de l'Univers lui a don-née. Et c'est ce que Ciceron, qui nous a donné de la verita-ble vertu les idées les plus bel-les, & les plus sublimes, que la sagesse païenne en a jamais donnée, vouloit trouver dans la sience naturelle. La vûë, dit-il, du grand spectacle de l'Univers nous élève à la connaissance de Dieu ; d'où la piété prend naissance ; & la piété a pour compagnes in-séparables la justice, & les au-tres vertus, qui conduisent à la vie heureuse. *Quæ contuens animus, accipit ab his cognitio-nem Deorum : ex qua oritur pie-*

tas cui conjuncta justitia est, re-
liquæ virtutes ; ex quibus vita
beata existit. Cicero. de Natur.
Deorum Lib. II. N. 153.

S. Augustin dit à merveilles
la même chose. Nous admirons
tous les jours, dit-il, la beauté du ciel ; le cours si réglé des
astres ; l'éclat de la lumiere ;
la vicissitude perpétuelle des
jours, & des nuits ; l'accroisse-
ment, & le décroissement de
la Lune dans l'espace de châque mois ; les diverses tem-
pératures des quatre saisons de
l'année, qui répondent à celles
des quatre élémens ; la vertu
merveilleuse des semences ,
dont chacune produit une espèce particuliere , & qui toutes impriment à ce qu'elles
produisent, les vertus qu'elles
renferment ; & enfin tous ces
divers genres de choses , que

l'Univers expofe à nos yeux, &
dont chacune fait conferver ce
qui eft de fon effence , & de
fa nature. *Mais il ne faut pas*
regarder ces chofes-là d'une vûë
légére, & fuperficielle, qui n'ail-
le qu'à fatisfaire une vaine cu-
riofité : il faut qu'elles nous fer-
vent de dégré, pour nous élever
vers ce qui eft immortel, & qui
fubfifte éternellement. In quorum
confideratione non vana, &
peritura curiofitas exercenda
eft, fed gradus ad immortalia,
& femper permanentia facien-
dus. *S. Auguft. Lib. de Vera*
Relig. cap. XXIX.

En publiant la defcription ,
qu'on a faite des Curiofitez de
la nature , & de l'art , on
eft demeuré dans les termes
qu'on prefcrit ici. On parle de
leurs vertus, & de leurs propriétez par raport à l'utilité ,

que les hommes en peuvent
tirer, pour la ſanté, & pour la
vie. On ne prétend pas, que
tout ce qu'on y dit ſur ces choſes curieuſes aportées des Indes, ſoit nouveau. Il y a même pluſieurs de ces curioſitez,
dont diferents Auteurs ont déja parlé. On raporte leurs ſentimens. On les combat quelquefois : toujours ſans aigreur,
& dans la ſeule vûë de trouver la verité ; & d'être utile
à la ſociété des hommes. Cependant ceux qui liront ces
deſcriptions, ne laiſſeront pas
d'y trouver un air de nouveau-
té ; parce qu'on y a joint des
obſervations, qui ſont aſſûré-
ment toutes nouvelles. Autant
de livres de Phyſiologie, &
de Cabinets imprimez, autant
de vûës diférentes ſur les mêmes
choſes ; parceque châque Phyſi-

cien fe fait une idée, qui lui eft propre, fur ce qu'il explique. D'ailleurs l'un regarde un objet par un côté ; & un autre le confidére par un autre endroit : & c'eft juftement en publiant ces diférentes vûës, que diverfes perfonnes ont fur la même matiere, que l'on porte la Phyfique à fa perfection. Je voudrois bien pouvoir contribuer quelque chofe du mien au progrès d'une Sience fi belle, & fi utile aux hommes. J'ai bonne intention : c'eft au Lecteur à juger, fi je lui préfente quelque chofe au-delà.

Aprobation de M. de Fontenelle,
de l'Académie Françoise.

J'AY lû ce Manuscrit par ordre
de Monseigneur le Chancelier, &
je n'y ay rien trouvé qui en doive
empêcher l'Impression. Fait à Paris
ce 15. Janvier 1703.

Signé, FONTENELLE.

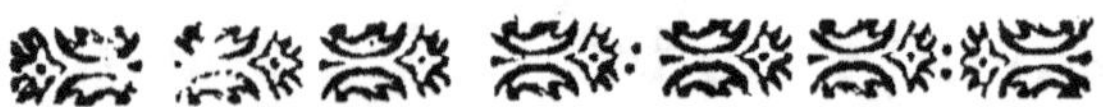

PRIVILEGE DV ROY.

LOUIS par la grace de Dieu Roy de
France & de Navarre : A nos amez &
feaux Conseillers, les Gens tenans nos
Cours de Parlemens, Maîtres des Requêtes
Ordinaires de nôtre Hôtel, Grand-Conseil,
Prévôt de Paris, Baillifs, Sénéchaux, leur
Lieutenans Civils, & autres nos Justiciers,
qu'il appartiendra, SALUT. JEAN MOREAU
Imprimeur & Libraire à Paris, Nous ayant
fait supplier de lui accorder nos Lettres de
Privilege, pour l'impression d'un Manuscrit
qui a pour titre, *Curiositez de la Nature*
& de l'Art, découvertes dans deux Voyages
des Indes, l'un aux Indes d'Occident en
1698. & 1699. l'autre aux Indes d'Orient

en 1701. & 1702. avec une Relation abregée de ces Voyages. Nous lui avons permis & accordé, permettons & accordons par ces Prefentes d'imprimer ou faire imprimer ledit Livre en telle forme, marge, caractere & autant de fois bon luy lui femblera pendant le temps de cinq années confecutives , à compter du jour de la datte des Prefentes, & de le vendre ou faire vendre & diftribuer par tout notre Royaume ; Faifant défenfes à tous Libraires , Imprimeurs & autres, dans la Ville de Paris feulement, de l'imprimer , faire imprimer , vendre ny debiter ou autrement , fans le confentement de l'Expofant ou de fes ayans caufe, à peine de confifcation des Exemplaires contrefaits, de mille livres d'amende contre chacun des contrevenans , appliquable un tiers à Nous , un tiers à l'Hôtel-Dieu de Paris, l'autre tiers audit Expofant, & de tous dépens, dommages & interefts ; à la charge de mettre, avant de l'expofer en vente , deux Exemplaires en notre Bibliotheque publique , un autre dans le Cabinet des Livres de notre Château du Louvre, & un en celle de notre tres-cher & feal Chevalier Chancelier de France le Sieur Phelypeaux Comte de Pontchartrain, Commandeur de nos Ordres , de faire imprimer ledit Livre dans nôtre Royaume & non ailleurs , en beaux caracteres & papier, fuivant ce qui eft porté par les Reglemens des années 1618. & 1686. & de faire enregiftrer les Prefentes és Regiftres de la Communauté des Libraires de notre bonne Ville de Paris , le tout à peine

de nullité d'icelles ; du contenu defquelles
Nous vous mandons & enjoignons de faire
joüir l'Expofant ou fes ayans caufe, pleinement & paifiblement, ceffant & faifant ceffer
tous troubles & empêchemens contraires.
Voulons que la copie defdites Prefentes qui
fera imprimée au commencement ou à la fin
dudit Livre, foit tenuë pour dûëment figni-
fiée, & qu'aux copies collationées par l'un
de nos amez & feaux Confeillers & Secre-
taires, foy foit ajoûtée comme à l'Original:
Commandons au premier notre Huiffier ou
Sergent de faire pour l'execution des Prefentes toutes fignifications, défenfes, faifies,
& autres actes requis & neceffaires, fans demander autre permiffion, & nonobftant cla-
meur de Haro, Chartre Normande, & Lettres à ce contraires : C A R tel eft notre plaifir. DONNE' à Verfailles le 21. jour de Janvier
l'an de grace mil fept cens trois, & de notre
Regne le foixantiéme. Par le Roy en fon
Confeil, LEBER.

*Regiftré fur le Livre de la Communauté des
Imprimeurs & Libraires de Paris, conformément
aux Reglemens.*
Signé, P. TRABOÜILLET, *Sindic.*

RELATION

RELATION

ABREGÉE

DE DEUX VOYAGES

faits aux Indes ; l'un aux Indes d'Occident ; & l'autre aux Indes d'Orient.

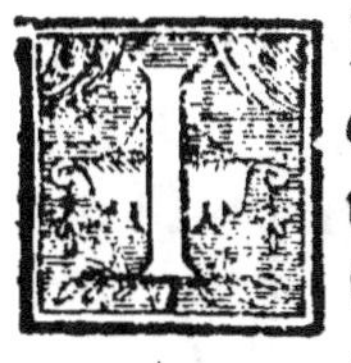

E partis de la Rochelle en 1698. au mois de Septembre pour les Isles de Caienne, de la Martinique, & de la Guadeloupe.

J'arrivai à Caienne, le 4. de Decembre de la même année, où je sejournai 4. mois.

Au mois de Mars 1699. nous partimes de Caienne, & nous allâmes moüiller au bout de huit jours au Fort de S. Pierre de la Martinique.

A

Au commencement du mois de Mai nous alâmes à la Guadeloupe en deux jours.

Sur la fin de Juillet nous mîmes à la voile pour l'Europe ; & nous arrivâmes en France au mois de Septembre 1699.

Il n'y a point d'événemens dans ce voyage, qui meritent qu'on en informe le Public. Et de parler de la manœuvre de nôtre Vaisseau, des coups de vent, des grains, des ouragans, de nos craintes & des maladies de ces Isles ; ce sont des choses qui n'interessent pas assez un Lecteur par elles-mêmes ; & je n'ai pas d'ailleurs le talent de faire valoir, & de rendre agreables ces minuties en les racontant joliment. Tout ce que j'en dirai, c'est que je m'y suis toujours apliqué à étudier les maux de nos malades, & les diférentes curiositez que la nature présente dans ce nouveau monde. Et comme Caienne n'est séparée de la terre ferme, que par une riviere, j'étois souvent parmi les Galibis, c'est-à-dire, les Sauvages de ce quartier-là, qui aiment les François plus qu'aucune autre nation de l'Europe. J'ai eu occasion de voir parmi eux, & dans la terre ferme, beaucoup de choses très-curieuses, qu'on ne trouve point aux Isles. J'ai aporté de la Guadeloupe ce beau souffre transparent, & jaune comme l'ambre, qu'on trouve en quantité à la fameuse montagne de la Soufriere, vers les embouchures de ce terrible Volcan, qui vomit incessamment des flammes épouvantables.

Je n'ai point fait de ce Soufre un article. J'en laisse la description à nos Chimistes Métalliques de Paris, qui en sont fort curieux, & qui le cherchent avec un admirable empressement ; persuadez qu'ils sont, qu'il est bon pour changer la Lune en Soleil. J'ai parlé dans des articles particuliers de ce qui m'a paru en ce pays-là, digne de la curiosité du Public.

En 1701. je partis de Paris au mois de Decembre, afin de me rendre au Port-Loüis, pour le Voyage des Indes d'Orient.

A ij

Je reçus vers la fin de Janvier
une Lettre de M. l'Abbé de Vallemont, où il me sollicite d'étudier
soigneusement la nature· dans l'O-
rient, & d'en considerer sur tout
les trois règnes, dont la Médecine tire tant de secours pour la guérison
des maladies sans nombre, qui afli-
gent les hommes.

Je faits part de cette Lettre au
Public, à qui je croirois rendre un
mauvais ofice, si je retenois dans le
secret une piece pleine de curiosité,
& d'érudition.

LETTRE

DE M. L'ABBE

DE VALLEMONT.

Monsieur,

Ce n'eſt donc pas aſſez pour vous d'avoir vû le nouveau monde, & d'avoir promené votre curioſité ſur tout ce que la nature produit de plus rare dans la Caienne, dans la Martinique, & dans la Guadeloupe, ces belles Iſles de l'Amerique : vous voici tout prêt à vous expoſer aux haſards d'une navigation plus longue, &

plus penible. A peine êtes-vous de retour des Indes Occiden- tales, que vous allez vous em- barquer pour les Indes d'O- rient. Ne pouvez-vous pas vous contenter d'avoir vû le nou- veau monde; ce vaste pays, qui a été inconnu à tout ce qu'il y a eu d'hommes dans l'Euro- pe, dans l'Asie & dans l'Afri- que depuis Adam, jusqu'en l'an 1497. que Americ Vespuce reconnût cette quatriéme par- tie du monde, qu'il nomma de son nom Amerique.

C'est donc aux Indes d'O- rient, que vous en voulez pre- sentement. Ainsi de sang froid vous allez renoncer pour six mois à être animal terrestre; & durant ce tems-là vous ne lo- gerez que dans une Maison flo- tante, & sur des Mers fameu- ses par d'infinis naufrages, où tant d'hommes, ce me femble, peu fenfez ont peri. N'y a.t-il pas aſſez de genres de mort ſur terre, ſans en aller cher- cher un nouveau ſur mer ? Le vieux Caton, qui étoit ſi ſage, avoit-il tort de mettre parmi les choſes dont il ſe repentoit, la ſotiſe qu'il avoit faite d'aller par eau, où il pouvoit aller par terre ? Si nôtre cher Horace vous avoit vû de retour de l'A- merique, & vous préparer tout de nouveau pour un autre voyage de mer de ſix mille lieües, il vous auroit répréſenté dans quelqu'une de ſes Odes, comme un homme ennivré de l'eau de ce fleuve de Thra- ce qui pétrifioit ceux qui en bûvoient ; ou du moins comme un homme, dont le cœur ſeroit envelopé dans un triple airain.

Illi robur, & æs triplex
Circa pectus erat qui fragilem truci
Commisit pelago ratem
Primus. –

Comme tous les hommes n'ont pas la tête faite l'une comme l'autre, vous trouverez des gens, qui vous aplaudiront sur votre nouvel embarquement. L'Empereur Trajan vous auroit porté envie. Ce Prince avoit une grande idée des pays Orientaux. Il croyoit ces régions, où le Soleil se léve, plus privilegiées que le reste de la terre. Il regardoit les Indes comme le lieu, où la nature avoit répandu plus liberalement ses bienfaits ; & pensoit que c'étoit là qu'elle faisoit ses plus rares, & ses plus précieux ouvrages. Un jour qu'il voyoit partir quelques Vaisseaux pour l'Orient, il ne pût s'empêcher de se récrier : *Plût au ciel que mon âge, ma santé, & mes afaires me puſſent permettre d'être de ce voyage !* Utinam verò mihi, & otium, & vita & ætas ſuppeteret !

Allez donc, Monſieur, contempler la nature dans l'Orient, après l'avoir étudiée dans l'Occident. Vous êtes curieux ; vous êtes jeune ; vous avez de la ſanté ; & par deſſus tout cela vous êtes libre ; & la divine Providence ne vous a pas encore attaché à un état, qui vous puiſſe empêcher de ſuivre l'inclination que vous avez de voir, ſi tout ce qu'on dit de l'Orient eſt au deſſus, ou au deſſous de ce que vous avez vû dans l'Occident. Je compte bien que vous n'oublîrez pas de parcourir là les trois règnes de la nature, d'en observer les singularitez, & de faire une bonne récolte de ce qu'elle produit de plus digne d'attention dans le règne des Mineraux, dans le règne des Végétaux, & dans le règne des Animaux. Quand vous serez sur les lieux, tout ce qui est terre, pierre, marcasite, métail, bitume sec, ou liquide, tout cela est du règne des Mineraux, & fait partie de vôtre étude. Les semences, les feüilles, les fleurs, les fruits, les mousses, les plantes, les arbustes, les arbres, les écorces, les bois, les racines, les gommes, les baumes, les huiles, tout cela apartient au règne des Végétaux, & est un champ, où il faut moissonner. Enfin les moucherons, les mouches, les insectes, les serpents, les pois-

fons, les oifeaux, les bêtes à 4.
pieds, l'homme même felon
le corps, tout cela eft de la
Jurifdiction du règne des Animaux, & eft de vôtre compe-
tence. Ainfi les chairs, les os,
les os pierreux, ou les pierres
offeufes, les bézoards, la graiffe, la mumie, les peaux, les
cornes, les ongles, la cervelle, les dents, &c. doivent être
les objets de vôtre curiofité,
& de vôtre recherche. La mer,
outre les poiffons de tant d'efpèces, renferme dans fon vafte
fein des merveilles, & des ri-
cheffes infinies, qui meritent
beaucoup d'attention. Il y a les
Plantes marines, les Litophitons, les Coquillages, les Perles, le Corail, l'Ambre, le Co-
rolloidés, les Madrépores,
&c. Voilà de quoi vous occu-
per.

Au reste croiriez-vous qu'il y a d'habiles gens, qui ne font pas grand cas de toutes ces drogues des Indes, & qui voudroient qu'elles ne fuſſent que pour les Orientaux ſous le ciel, & dans le pays deſquels la nature les produit ; & que nous autres Occidentaux nous devrions nous contenter de ce que cette mere ſi ſage fait ici pour nous. Je parle très-ſérieuſement. Pline, je dis Pline l'ancien, un des plus aviſez mortels qui fuſſent de ſon temps ; enfin ce Pline ſi célèbre, & ſi ſavant dans les choſes naturelles, s'eſt fort déchaîné contre les drogues des Indes. Il prétendoit qu'il ne falloit point de boutiques d'Apoticaires ; car enfin, diſoit-il, il n'y a point de Villageois, qui n'ait devant la porte de ſa maiſon

une boutique de remedes effen-
tiels dans les plantes que la nature y fait croître. Le voici lui-
même qui va s'expliquer. Franchement, dit-il, la terre, où
nous naiffons, produit tous les
remedes, dont nous avons befoin, pour rétablir, ou conferver nôtre fanté. Ces remedes font fimples, faciles à trouver, & coûtent peu. Mais il
eft furvenu des hommes rufez,
qui ont voulu profiter de la cre-
dulité des fimples, & de la
foibleffe des malades. Il s'eft
élevé des Vendeurs de drogues, & on a frauduleufement
ouvert des Boutiques, où l'on
promet de vendre la fanté, &
la vie aux hommes. C'eft là
qu'on vante des mélanges, &
des compofitions, dont ces
Charlatans auroient bien de la
peine à rendre raifon. Enfui-

te on a fait venir des drogues
de l'Arabie, & des Indes : &
pour guerir une petite plaie,
on aplique, avec un ſérieux
admirable, des drogues aportées, dit-on, du voiſinage de la
Mer Rouge. Cependant les vé-
ritables remèdes ſont ceux que
chaque Payſan peut trouver devant ſa cabane..... Nous n'a-
vons donc pas beſoin des drogues de l'Arabie & de l'Inde.
La nature ne les a pas produites
ſi loin de nous pour nôtre uſage. Elle les a placées là pour
ceux du pays. Et ce que les
Marchands Arabes, ou In-
diens nous vendent, n'eſt pas
même bon pour eux ; car ils
ne nous le vendroient pas. *Ex*
terra naſcentibus nata medicina :
hæc ſola naturæ placuerat eſſe
remedia, parata vulgo, inventu
facilia, & ſine impendio, ex

quibus vivimus. Postea fraudes hominum, & ingeniorum captu- ræ, officinas invenere, quibus sua cuique homini venalis pro- ponitur vita. Statim compositio- nes, & misturæ inexplicabiles decantantur. Arabia, atque In- dia in medio æstimantur, ulceri- que parvo medicina à rubro ma- ri imponitur, cum remedia vera pauperrimus quisque cæ- net. Hist. Nat. Lib. xxiv. cap. I. .... *Nos nec Indicarum, A- rabicarumque mercium, aut ex- terni orbis attingimus medicinas. Non placent remediis tam longè nascentia : non nobis gignuntur: imò ne illis quidem, alioquin non venderent.* Lib. xxii. cap. 24.

Ce savant Romain donne une excélente raison de cette fantaisie des hommes, qui pré- férent des drogues inconnuës qu'on aporte des extrémitez du monde, à celles que nous connaiſſons chez nous, & dont on pourroit ſi bien ſe contenter. Tel eſt, dit-il, le génie des hommes qui ne trouvent ni pointe, ni agrément dans ce qu'ils poſſedent, & qui coûte peu; pendant qu'ils ſont toûjours avides de ce qu'ils ne peuvent avoir qu'avec beaucoup de peine : *Tanta mortalibus rerum ſuarum ſatietas eſt, & alienarum aviditas. Lib. xii. cap.* 17. Ces paroles ſont belles !

C'eſt ſur cette idée-là que *Beverovicius* en 1643. entreprit de montrer qu'il croiſſoit en Hollande toutes les plantes, & les médicaments néceſſaires pour les Habitans du pays. L'ouvrage porte pour titre; AYTAPKEIA BATAVIÆ. Et ce petit livre a eu beaucoup de partiſans de conſidération,

fidération , qui l'ont merveil-
leufement fait valoir. Mais auffi
ne faut-il pas diffimuler , que
de grands hommes fe font
foûlevez contre le Siftême de
Beverovicius , & ont démon-
tré que Pline , à qui la vie réglée avoit fait une fanté admirable , en vouloit beaucoup
aux Médecins. C'étoit un homme d'une tempérance très-
parfaite ; & ceux , qui vivent
de la forte , n'ont que faire
ni de drogues , ni de Médecins. Primerofe Médecin François , qui faifoit la Medecine
en Angleterre avec beaucoup
de réputation , dit fort agréablement dans fon Livre *de Vul-*
gi erroribus ; que *l'intemperan-*
ce eſt la meurtriere des hommes
& la nourrice des Médecins.
Ce Primerofe dans ce même
Livre , que je viens de citer ,

combat favamment l'opinion
de Pline fur les drogues é-
trangeres, & renverfe fans ref-
fource le Siftême de *Bevero-*
vicius. Il dit fort judicieufe-
ment que Dieu a voulu qu'il
y eût un lien de fociété entre tous les hommes ; que c'eft
pour cela que chaque pays a
des dons , & des avantages
qui lui font propres, & que le
commerce , & la navigation
rendent communs aux régions
qui ne les ont pas. Pourquoi
voudroit-on que ce que l'Auteur de la nature a créé de
de bon dans un pays, quelquefois inhabité, ne pût être
communiqué aux autres ? Voudroit-on laiffer l'ufage du fucre, qui eft fi agréable & fi
falutaire, aux feules régions où
croiffent les cannes, d'où on
exprime ce précieux fel fi bal-

famique ? Vantons tant qu'il nous plaira la Sauge de nos jardins; étonnons nous avec toute l'Ecole de Salerne, de ce qu'on ne laiffe pas de mourir avec un fecours fi puiffant pour défendre la vie.

Cur moriatur homo , cui falvia cref-
cit in horto ?
Salvia falvatrix , naturæ conciliatrix.

Publions que les Chinois, qui n'en ont point, donnent pour une livre de Sauge trois livres de leur Thé. Il faut pourtant reconnaître de bonne foi, que le Thé l'emporte infiniment au deffus de la Sauge. Ce n'eft point un préjugé en faveur des chofes étrangéres. C'eft une vérité auffi lumineufe , que les rayons du Soleil; que le Thé eft d'une excélence , qui ne le laiffera jamais avilir. Outre qu'il eft d'une odeur

infiniment plus agréable que
nôtre Sauge ; c'est qu'il est encore un merveilleux spécifique, pour réjoüir, & récréer
les esprits ; il abat les vapeurs ;
il empêche l'assoupissement ;
il fortifie le cœur, & le cerveau ; il répare l'épuisement
des forces après une longue
& pénible étude ; il aide à la
digestion ; il excite l'urine ; il
purifie le sang, & est un excélent reméde contre le Scor-
but. Consentirons-nous qu'on
nous interdise l'usage du *Kin-*
quina ; ce puissant fébrifuge ;
cette précieuse écorce qui est
reconnuë présentement, pour
un spécifique immanquable
contre les fievres intermittentes ? Il faudroit être bien ennemi du genre humain, pour
nous arracher de si grands secours. Pline auroit bien chan-

gé de langage, fi de fon tems l'Amerique avoit été connuë; & qu'on en eût aporté non-feulement le *Kinquina* ; mais encore l'*Ipécacuanha* , cette petite racine, qui eft un fpé-cifique affuré contre la diffen-terie , & contre les autres cours de ventre. Nous fommes redevables à la liberalité du Roy de la connaiffance de ce précieux reméde , dont M. *Helvetius* faifoit un grand fe-cret. Sa Majefté a eu la bon-té de l'acheter, & de le ren-dre public. On a frapé pour de moindres confidérations des Médailles à l'honneur de Trajan, & de plufieurs autres Empereurs Romains, avec ces flateufes infcriptions : *Salus publica : Salus generis humani.* Ils avoient moins fait que Louis le Grand pour la fanté, & la confervation de leurs Sujets.

Mais que dirons-nous de la fameufe plante, que nous ne connaiffons, que depuis la découverte de l'Amerique, & qui eft devenuë les délices des trois parties de l'ancien monde? Vous devinez dèja que je veux vous parler de ce miracle dans le règne des Végétaux, & que les Americains nomment *Petun*, les Efpagnols *Tabac*, & les François *Nicotienne*, à caufe de *Nicot*, Ambaffadeur en Portugal, qui à fon retour l'aporta en France. Il en faut parler dignement; car enfin il ne fut jamais de plante à laquelle tant de gens, & de toutes les conditions, aient pris plus d'intérêt. Je n'ignore pas qu'elle a des adverfaires. L'Abbé *Nif-*

féno, Efpagnol, dit froidement, que c'eft le démon qui a pris foin de faire paffer le Tabac de l'Amerique en Efpagne, & de là dans le refte du monde : *Tabaci planta dæmonis follici-tudine ex Indiis in Hifpanias, aliafque mundi fuperioris oras invecta videtur. Politic. Cælo-rum part. 1. Lib. 3. cap. 5.* Dans la belle & favante Thèfe de Médecine, qui fut foûtenuë à Paris en 1699. où l'on agi-ta cette importante queftion ; favoir, *Si le fréquent ufage du Tabac abrége la vie* ; Meffieurs les Médecins de la Faculté, à la tête de laquelle étoit l'il-luftre M. Fagon, prémier Mé-decin du Roy, y difent beau-coup de mal du Tabac. On le répréfente comme un monf-tre de la nature, qui eft plus dangereux, & même plus fa-

tal à la vie , que la Mandra-
gore, dont la Magicienne Cir-
cé compofoit fes maléfices ; &
dont la racine lui fervoit , pour
abrutir les hommes , & pour
s'en faire aimer éperduëment.
On ajoûte que le Tabac eft
plus narcotique , & plus meurtrier que le furieux *Solanum.*
Quoi ! Ce *Solanum* , fi fameux
par fes pernicieux éfets , dont
une feule drachme, felon Théo-
phrafte, , deffécheroit tout le
flegme du plus grave Philofophe , & en feroit un bou-
fon , & un écervelé ! Deux
drachmes fufifent , pour métamorphofer le plus fage des
hommes en un foû furieux.
Trois drachmes jettent dans
une frénéfie incurable : & quatre drachmes metroient au
tombeau le plus vigoureux por-
te-faix de Paris. On va encore
plus

plus loin. On déclare que le Tabac eſt plus infame que le *Stramonium*, ſi reconnu par la faculté qu'il a d'éteindre les lumieres de la raiſon, & d'a-lumer dans les hommes les plus horribles paſſions; & ſi décrié, que des Savants * ont cru, qu'il eſt l'abominable *Hippomanès* de Théocrite.

Ce n'eſt pas encore tout : On range le Tabac ſans miſericorde, à cauſe de ſon venin, dit-on, à la lugubre famille des Pavots, & des *Solanums*, ſi redoutables par le ſommeil mortel qu'ils cauſent, & qui ferme pour jamais la paupiere aux hommes. Enfin pour dernier trait, on fait venir le Tabac de compagnie dans le même Vaiſſeau, qui aporta à Naples le mal hon-

* Aloyſius Anguillara,

C

teux, dont la Juſtice de Dieu
punit dès ce monde l'incon-
tinence des hommes. Mais a-
près tout crairiez-vous qu'on
ne prétend par cette vive &
longue déclamation, que condamner l'abus, & le trop fréquent uſage du Tabac ? Ces
Meſſieurs ſe rabattent là, & ne
veulent rien davantage. En
éfet, on reconnaît volontiers
dans la Thèſe que le Tabac
purge la pituite, ce funeſte ma-
gazin des fluxions ; qu'il eſt
excélent contre l'aſthme, la
toux, & le catharre ; parce
qu'il dégage le poûmon de
cette pituite viſqueuſe, qui forme ces maux diférents. On a-
joûte qu'il eſt merveilleux contre le cruel mal des dents. On
lui fait l'honneur de le com-
parer au célébre *Népenthès*
d'Homére, qui a la vertu de

charmer les ennuis, & les cha-
grins de la vie ; on dit que la
fumée du Tabac par un agréable étourdiſſement émouſſe la
délicate ſenſibilité des nerfs ,
& l'incommode vivacité de l'eſprit ; diſſipe les fantômes de la
triſteſſe, & de la mélancolie ;
& que ne préſentant à l'imagination que des objets plaiſants,
& gaillards; il fait qu'un miſéra-
ble Therſite, aſſis ſur un fu-
mier avec ſa pipe allumée, ſe
berce dans ſes flateuſes penſées , bâtit des Châteaux en
Eſpagne, & ſe croit un Roy ſur
ſon Trône.

Enfin on y avoue que le Tabac eſt un ſpécifique ſouverain
contre les vieilles plaies. En
voila trop. Quand on n'auroit
tiré de la découverte de l'A-
merique , que la connaiſſance
de cette divine plante , peut-

on jamais affez fe féliciter fur les biens qui nous en reviennent ? Quant à la maladie infame, qu'on dit être venuë des Indes Occidentales avec le Tabac ; c'eft un fait dont tout le monde ne convient pas. C'eft une fuppofition qu'il feroit aifé de détruire. Herrera, fi fincere qu'il n'épargne pas fa nation, dit formellement, que *les Efpagnols ont porté la Véro-le au Mexique, bien loin de l'y avoir prife.*

Galien fi attentif à perfectionner la Médecine, & à choifir les meilleurs remedes, a reconnu par plufieurs expériences, qu'il ne pouvoit pas fe paffer des drogues étrangeres, & qu'il employoit utilement pour fes malades la Terre de Lemnos, le Dictame de Crète, le Perfil de Macédoine, & tant d'autres chofes, qui n'ont point la même vertu, & la même éficace, quand on les cultive en Italie. Il dit pofitivement que l'Iris de la Libie eft auffi diférent de celui de l'Illirie, qu'un corps mort eft diférent d'un corps vivant. L'Iris de la Libie n'a nulle odeur. Au contraire l'Iris de l'Illirie eft d'un goût agréable & d'une odeur charmante. Il ne faut donc pas fi fort fe déchaîner contre certain choix de drogues. Tant qu'il y aura du bon goût parmi les hommes, on boira en France des vins du Rhin, & de la Mofelle, des vins d'Efpagne, de Madére, des Canaries, de faint Laurent ; & tant qu'il y aura des malades, & des Médecins bien fenfez, on emploira dans la Médecine le Sené d'Orient, l'Iris de Floren-

ce, l'Angélique d'Espagne, le
Bitume de Judée, le Stæcas
Arabic, le Mastic de Chio,
la Manne de Calabre, la Té-
rèbentine de Chipre, la Rhu-
barbe de la Chine, &c. Vous
connaissez, Monsieur, ce que
la Médecine tire des Indes
d'Occident, d'où vous ne faites presque que d'arriver : allez
maintenant aux Indes d'O-
rient, pour y reconnaître tant
de belles, & excélentes choses, qui font la richesse, &
l'ornement des Cabinets des
Curieux, & le fond de nos
remèdes les plus certains. La
nature, qui connait la beauté, & l'excélence de ses ouvrages, ne nous a pas donné
sans dessein un esprit curieux.
Elle nous a faits de la forte,
pour être les spectateurs des
merveilles, qu'elle étale sur la

face de l'Univers. Elle perdroit tout le fruit de ſes travaux, ſi tant de productions ſi éclatantes, & ſi ingenieuſement ornées ne ſervoient de ſpectacle qu'aux arbres, & aux rochers. La nature, dit Sénèque, veut des ſpectateurs, & même des admirateurs. En peut-on douter, quand on conſidére de quelle figure, & de quelle maniere elle nous a formez. Elle nous a fait droits, & nous a mis la tête vers le Ciel, afin que nous portions nos yeux, & nôtre contemplation, non-ſeulement ſur la terre, & ſur la mer, mais encore juſque dans ces Globes immenſes qui roulent au deſſus du monde elementaire. *Et ut ſcias Naturam ſpectari voluiſſe, non tantùm aſpici, vide quem vobis locum dederit.* Senec. de otio. Sap cap.32.

C iiij

Cette étude de la nature ;
outre qu'elle rend une personne de vôtre profession utile à
la société, elle est encore très-
propre à former les mœurs,
à polir' l'esprit, à rendre le
cœur droit,& à conduire l'homme à la vertu. Celui, dit Phi-
lon le Juif, qui contemple l'ordre merveilleux de la nature,
& ces inviolables loix ; d'où
les Elemens, & les Corps ce-
lestes tirent leur mouvement,
& leur subordination ; qui re-
tiennent l'Univers dans son é-
tat de consistence , & que le
tems qui use tout, respecte é-
ternellement : Oüi ! celui qui
considére cette divine Repu-
blique, formée de l'union du
ciel, & de la terre, n'a pas
besoin de maître , pour aprendre à vivre dans une innocen-
te paix , à se soumèttre aux

loix de la Religion, & à se
conformer à la police de l'é-
tat. Une si parfaite harmonie,
entre toutes les parties de l'U-
nivers, est un excèlent exemplaire par lequel il sera porté à regler ses passions sur le
niveau de sa raison & de l'é-
quité. *Quisquis Naturæ ordinem
contemplatur, & eximiam quam-
dam hujus mundi Rempublicam,
vel silentibus præceptoribus, dis-
cit sub legibus, & in pace vivere, componere se ad exemplar
pulcherrimum.* Philo de Abrah.

N'oubliez pas, Monsieur,
de considerer non-seulement
les mœurs, & les usages des A-
siatiques ; mais encore leur industrie, & leurs connaissances
dans les arts utiles à la vie.
Vous ne les trouverez pas si
grossiers, & si barbares, que
plusieurs gens le pensent ici ;

& qui s'imaginent que les hommes n'ont de l'esprit, & de la politeſſe qu'en France, & en Europe. Vous n'y rencontrerez pas beaucoup de Médecins ; car comme les Aſiatiques ſont fort temperants, ils ſont peu malades, & les Médecins n'ont guere à faire avec eux. Il n'y a pas même fort long-tems, qu'il y a des Médecins parmi les Turcs, les Indiens, les Chinois, & les Moſcovites ; parce que ces nations gardent beaucoup de modération dans l'uſage du boire, & du manger.

Vous trouverez tous ces Médecins fort atachez aux remèdes ſimples ; ils ne s'amuſent point à ces magnifiques compoſitions, que le peuple eſtime tant en Europe, & que les Savants mépriſent également.

Qu'ils ont de raifon ! Qui peut nous répondre , que ces foixante *Ingrediens* , pour exemple , qui entrent dans la compofition de la Thériaque , ne fe font pas dans ce pompeux mélange , une guerre irréconciliable ? Mais nous dira-t-on ; tout ce qui entre dans cette fameufe compofition , eft bon , & même excélent. Qui le fait ? Et parmi les vertus qu'on leur atribuë , n'y a-t-il pas de mauvaifes qualitez ? M. Boyle fait une eftime toute finguliere d'un manufcrit Arabe , qu'un étranger lui préfenta , dans lequel l'Auteur expofoit avec beaucoup de foin les bonnes , & les mauvaifes qualitez des medicaments dont il parloit. Cette conduite eft bien judicieufe , dit M. Boyle : car enfin n'y a-t-il point à craindre , qu'entre tous ces *Ingredients*, qui composent ces superbes remèdes, il n'y ait quelque drogue, où il se trouve une qualité contraire aux vûës du Médecin? De ce mélange confus ne peut-il pas se faire une fermentation inconnuë, & qui réveillera dans ces drogues diferentes, un levain dangereux qui étoit assoupi? Et si l'usage d'un remède si composé ne cause pas une nouvelle maladie, n'y a-t-il point à soupçonner qu'il dévelopera dans le malade, une matiere ennemie, qui étoit concentrée, qu'un remède simple auroit attenuée, & qu'une drogue inutile, & surnumeraire pourra irriter, & déchaîner? Quand bien même on sauroit exactement que toutes ces drogues étrangeres, & pour la plûpart très-incon-

nuës, seroient innocentes, & sa-
lutaires ; on ne doit pas être
encore en repos. M. Boyle dans
ses savantes expèriences, a fait
voir tant de fois que de plusieurs choses bonnes, & mêmes excèlentes mises ensem-
ble, il s'en fait un mélange très-
mauvais, & pernicieux. On
connait peu la nature des Mineraux, des Végétaux, & des
Animaux ; & il faudroit que le
quart de ce qu'il y a de bons
esprits dans le monde, travail-
lât un siecle par l'Analise des
Chimistes sur la matiere médicale, pour y connaitre quelque chose, qui nous pût rassu-
rer dans l'usage de ces remèdes orgüeilleusement compo-
sez. Ainsi plus un remède est
simple, & moins il est dangereux. Et cela est fondé sur u-
ne belle parole de Galien, que

je vous prie de regarder, comme un des plus précieux Oracles, qui nous soient venus des grands hommes : *Personne ne peut*, dit-il, *se servir en homme de bien d'un remède composé, s'il ne connait auparavant exactement les vertus des drogues simples qui le composent :* In universum nemo probè uti possit medicamento composito, qui simplicium vires non accuratè prius didicerit.

Et il ne faut pas apréhender qu'un remède simple ne dissipe pas une maladie qui provient de plusieurs causes. Est-ce qu'une plante toute simple qu'elle est, ou un mineral, ne renferme pas plusieurs principes? Tout homogènes que ces choses nous paraissent, elles sont composées de plusieurs parties diférentes ; & vous avez vû comme les Chimiſtes par leur admirable analiſe tirent d'une ſeule plante un ſel volatile, un eſprit urineux, une liqueur aqueuſe, qu'ils apellent le phlegme, une huile, quelquefois un peu de ſel fixe, & toûjours une terre blanche & poreuſe qu'ils nomment la *tête morte*, ou *la terre damnée*. Laiſſez faire la nature, ſa Pharmacopée eſt toute divine; & elle diſtribuera ſagement ces diférentes parties, & les fera agir ſelon le beſoin.

Je n'oſerois pas condamner l'uſage de la Thériaque. Elle eſt trop ancienne, & trop acreditée dans le monde, où elle s'étoit fait des partiſans avant même que Galien prît intérêt à conſerver la ſanté des hommes. Il me ſufit d'obſerver que Galien ne l'a jamais ordonnée, que le Traité de la Thériaque qui a paru sous son nom, n'est point assurément de lui, & qu'enfin Pline bien loin d'estimer la Thériaque l'ait apellée : *excogitata compositio luxuriæ*. Cet endroit est si beau, que vous me saurez gré de l'avoir mis ici tout entier : Aussi-bien ne verrez-vous Pline de long-tems.

La Thériaque, dit-il, est une composition, qui ne peut venir que d'une imagination déréglée, & d'un esprit fertile en mauvaises inventions. Il n'y entre que des drogues étrangeres, pendant que la nature en produit tant parmi nous, dont une seule vaudroit mieux que la Thériaque même. Le Mithridate est composé de cinquante-quatre drogues, dont toutes les dozes sont diférentes.

tes. Il y en a dont on ne prend que le poids de la foixantié-me partie d'un denier. Quel Dieu a enfeigné cette propor-tion fi précife? Car toute l'in-telligence des hommes ne fau-roit jamais parvenir à ce fu-blime de fubtilité. Difons la verité : tout ce grand apareil de drogues étrangeres n'eft qu'une vaine oftentation, pour éblouïr les fimples, & un fpec-tacle monftrueux qui ofenfe les Savants. Franchement ceux qui font ces pompeufes prépara-tions , ne favent guere eux-mêmes ce qui peut réfulter d'un fi afreux falmigondis. *Theriace vocatur excogitata com-pofitio luxuriæ. Sic ex rebus ex-ternis , càm tot remedia dederit natura, quæ fingula fufficerent. Mithridaticum antidotum ex re-bus 54. componitur interim nul-*

lo pondere æquali , & quarum-
dam rerum sexagesima denarii
unius imperata. Quo Deorum
perfidiam istam monstrante? Ho-
minum enim subtilitas tanta esse
non potuit. Ostentatio artis , &
portentosa scientiæ venditatio
manifesta est. Ac ne ipsi quidem
illam novêre. Hist. Nat. Lib.
29. cap. 1.

Ce qu'il y a de plus impor-
tant à examiner sur le chapi-
tre de la Thériaque ; c'est de
savoir à quoi elle est bonne. Je
sai bien que ceux , qui la cé-
lebrent , la vantent comme le
plus puissant remède que l'on
ait contre les fievres contagieuses , pestilentielles , malignes , pourprées. Mais c'est la
question. Il est certain que la
Thériaque est un remède très-
chaud, & très-sec , qui par sa
grande ardeur consume les es-

prits, & desseche les humeurs.
Il est par consequent merveilleux, pour augmenter la fievre,
& pour la donner à ceux qui
ne l'ont pas. Ce qu'il y a encore d'assez établi comme certain entre les Médecins ; c'est
que les fievres pestilentielles „
& malignes viennent d'une in-
temperie chaude , & séche du
sang , & des humeurs. Cela
étant ; la Thériaque n'est point
alors de saison ; puisqu'au lieu
de régénérer ces esprits, & ces
humeurs qui manquent alors ;
au contraire elle dissiperoit le
reste par sa secheresse , & par sa
chaleur exorbitante; & condui-
roit droit au tombeau. Je crains
bien que les Savants du tems
de Pline n'aient eu raison de
nommer la Thériaque ; *Excogitata compositio luxuriæ.* Car
en parlant de la Thériaque , il

ne nous dit pas ſeulement ſa
penſée ; mais encore l'opinion
des bons eſprits de ſon tems : :
Theriace vocatur excogitata com-
poſitio luxuriæ. Or ce grand
homme eſt incomparable ,
quand il parle des choſes de ſon
tems, & de ſon pays, dont il a pû
s'inſtruire par lui-même. Il n'eſt
pas ſi ſeur de le ſuivre, lors qu'il
philoſophe ſur les choſes éloi-
gnées , & qu'il n'a pû ſavoir que
par des memoires, & des rela-
tions, qui ne lui venoient pas
toûjours de correſpondants ju-
dicieux , & bien informez.

Enfin M. Boyle nous aprend
qu'il a eu deſſein d'écrire contre la Thériaque, & les remèdes trop compoſez ; & qu'il a-
voit là deſſus beaucoup de ma-
tériaux tout prêts : *Sed eum pro-*
ſequi nolui , dit-il : & il s'eſt con-
tenté de faire un excélent Traité , où il donne par tout la pré-

férence aux remèdes fimples. *Simplic. Medicament. utilitas, & ufus , pag. 49.*

Je vais dorénavant conjurer Neptune, & Eole de s'accorder, afin de vous donner une navigation promte, & hûreufe ; ou , pour parler plus chrétiennement , je priérai celui qui *tire les vents de fes trefors,* Pfal. 134. ℣. 8. *qui commande aux vents , & aux flots , & à qui les vents, & les flots obeïffent,* Luc 8, ℣. 25. qu'il vous comble de fes plus précieufes bénédictions, & qu'il favorife un voyage fi pénible ; & que vous entreprenez , moins par curiofité , que par le defir de vous rendre habile dans vôtre profeffion,& de devenir utile à vôtre patrie. Adieu, mon cher Monfieur, pour dix-huit mois.

DE VALLEMONT.

à *Paris ce* 20. *Janvier* 1701.

Le 2. de Février jour de la Purifi-
cation, nous effuyâmes à la rade de
Penmanek ce furieux ouragan, qui
fe fit fentir d'une maniere affez funefte
en plufieurs endroits du Royaume.

Le 5. Février l'Efcadre de la Compagnie des Indes Orientales, com-
pofée de 4. Vaiffeaux, favoir le
Maurepas, le Pondicheri, le Bourbon, & le Marchand des Indes, mit à
la voile fur les 10. heures du matin.

Monfieur Faucher Oficier du Roy,
montoit le Maurepas, & comman-
doit l'Efcadre. J'étois dans ce Vaiffeau avec la meilleure compagnie du
monde ; puifque nous avions l'honneur de profiter de la préfence, &
des excelents exemples de Monfei-
gneur de Cicé, Evêque de Sabule.
Il avoit pour Aumonier M. l'Abbé de
Montigni, & étoit accompagné de
M. de Villedor, Théologal de Noyon,
& Docteur de Sorbonne, qui alloit
à la Chine prendre connaiffance des
Cérémonies des Chinois, fur l'explication defquelles les Miffionaires des
Indes ont pris diférent parti.

Le Samedi 19. j'eus la fatisfaction

de voir le Pic de Tenérif, Ifle des Canaries, fi fameux dans la Geographie, où il eft eftimé la plus haute pointe de montagne qui foit dans le monde.

Le Dimanche 20. nous paſſâmes le Tropique du Cancer.

Le Jeudi 24. nous vîmes la côte du Sénégal en Afrique.

La nuit fuivante, quoi que nous fuſſions à plus de 20. lieües de cette côte, qui eft fort fablonneuſe, une nuée de fable vint fondre fur nôtre Vaiſſeau, portée par un tourbillon de vent extraordinaire. Cet évenement parut une chofe toute nouvelle à nos plus anciens Navigateurs.

Le Samedi 26. nous moüillâmes à la rade du Cap-Vert à un quart de lieuë de la forterefſe de Goré, qui appartient à la Compagnie Françoiſe du Sénégal. Je fus nommé par nôtre Capitaine, pour accompagner l'Oficier, qu'il envoyoit faire compliment au Gouverneur de la place, qui nous reçut à merveille.

Le Samedi 5. de Mars nous remîmes à la voile, pour l'Ifle d'Amjouam.

Le Dimanche 20. Mars nous paſſâmes la Ligne.

Le Lundi 21. nous avions le Soleil vertical ; c'eſt-à-dire, perpendiculairement, & à plomb ſur nôtre tête. Ce jour-là ſe fit la fameuſe Cérémonie qu'on apelle ſi improprement bâtême. Je n'en fus pas plus exemt que tous les autres qui n'avoient pas encore paſſé la Ligne.

Le Dimanche 10. Avril nous nous trouvâmes ſous le Tropique du Capricorne.

Le Samedi 7. Mai nous doublâmes le redoutable Cap de bonne Eſpérance. Nous y trouvâmes la mer épouventable, comme elle y eſt ordinairement ; parce que c'eſt l'endroit du monde, où la mer eſt la plus vaſte de l'Occident à l'Orient.

Le lendemain qui étoit Dimanche, nous chantâmes le *Te Deum*, pour remercier Dieu, de nous avoir donné un tems favorable, dans un endroit ſi périlleux.

Mecredi 25. Mai je conſiderai avec attention deux Trombes de mer à demi lieüe l'une de l'autre. Ce terrible
ble

ble météore eſt une grande quantité d'air mêlé de vapeurs , & d'exha-laiſons qui ſortent avec impétuoſité d'entre deux nuës , dont l'une eſt tombée ſur l'autre ; & qui en ſortant par la nue inférieure décend ſur la mer en forme de colomne , la fait boüillonner , forme un bruit ſourd , & deſagréable, & enlève quelquefois des Vaiſſeaux , & puis les laiſſant retomber les coule à fond.

Mardi 31. de Mai nous aperçûmes l'Iſle de Madagaſcar, une des plus grandes Iſles du monde.

Vendredi 3. Juin nous repaſſâmes le Tropique du Capricorne , en cotoyant l'Iſle de Madagaſcar.

Le Vendredi 10. de Juin nous moüillâmes à l'Iſle d'Anjouam , où il y a un Roy nommé *Mané-céné-fuhé-cha-ha* , qui fait ſa reſidence à 7. ou 8. lieuës de la côte. Nôtre Capitaine me nomma pour aller ſaluer le frere de ce Roy. Ce frere de Roy eſt fort poli ; il me préſenta le Bétel, ſelon la coûtume des Orientaux, & me fit déjeuner avec lui. Il vint à nôtre bord avec ſa ſuite, & don-

E

na une Lettre du Roy son frere,
pour nôtre incomparable Monarque,
dont les éclatantes actions ne sont
pas ignorées dans les Climats les plus
reculez.

Le Samedi 18. nous partîmes de
cette Isle enchantée ; car enfin c'est
veritablement une des plus fertiles,
& des plus délicieuses Isles du monde.

Le Samedi 25. Juin nous repassâmes la Ligne.

Le Mardy 12. Juillet nous vîmes
l'Isle de Céïlan, & pendant 3. ou 4.
jours nous fûmes fort incommodez
de l'odeur de la Canelle ; nos malades mêmes eurent beaucoup à soufrir
de cette odeur continuelle.

Vendredi 15. Juillet, nous décou-
vrîmes en mer un petit bâteau de la
côte de Coromandel. Quand nous en
fûmes proches, nous reconûmes
que ceux qui y étoient, nous ten-
doient les bras, & nous demandoient
secours. On y envoya le Canot, qui
trouva 19. personnes extenuées d'i-
nanition, & dont la plupart étoient
sur le point d'expirer. Il y avoit 26.
jours qu'ils étoient partis de Céïlan.

Un gros tems les aiant jettez au large , leur grande voile , & leur gou-
vernail aiant été emportez par un
coup de mer , ils ne pouvoient plus
faire route. L'eau , & les vivres leur
manquoient depuis plusieurs jours.
On les aporta dans nôtre Vaisseau,
où ils ne furent pas si tôt , que leur
bâteau coula à fond. Ils ne s'y é-
toient conservez , qu'à force de jetter continuellement l'eau , qui y en-
troit de tous côtez. Il s'y trouva un
Chrétien de S. Thomas , qui n'avoit
cessé durant ce tems-là d'invoquer la
Sainte Vierge , qu'il apelloit l'*E-*
toille de la mer. Et ce bon Chrétien croyoit bien devoir son salut à la Mere de Dieu , qu'il se mît
à remercier en se jetant à genoux ,
dès qu'il fut dans nôtre Vaisseau. Ce
fut un grand bonheur pour ces pau-
vres malhûreux de nous rencontrer.
Les plus robustes d'entre eux n'auroient pas vécu encore deux jours. Ils
étoient sur tout si pressez de la soif,
qu'on eut toute la peine du monde à
leur fournir suffisamment de l'eau
pour les desalterer.

E ij

Le Samedi 16. Juillet nous abordâmes à la côte de Coromandel ; & moüillâmes enfin à Pondichéri, le Dimanche 17. après 5. mois 14. jours de navigation. Pondichéri est une Ville aux François sur la côte de Coromandel, & qui est défenduë par une assez belle forteresse. Il y a un marché considerable deux fois la semaine, où se vend tout ce qui est necessaire pour rendre agreable la vie, & le séjour de ceux qui y abordent. J'y ai acheté beaucoup de choses, dont je parle dans la suite. Il y a dans les places publiques des Chanteurs, comme il y en a à Paris sur le Pont-neuf, & qui ne sont pas moins divertissans. On y voit encore outre cela des Joüeurs de Gobelets qui font des tours surprenants ; ce qui montre que le genie des hommes est toûjours le même dans des Climats tout diferents.

Messieurs des Missions Etrangeres y ont une Maison assez agréable, où ils ont leur Chapelle.

Les Jésuites y ont une belle Eglise, & une belle Maison.

.Les Capucins s'y font auſſi établis, & ſont les Curez des Chrétiens Malabares. Dans la Fortereſſe il y a une Chapelle pour le Gouverneur & pour la Garniſon, & qui eſt deſſervie par les PP. Capucins, auſquels on a donné un apartement tout proche.

Ceux qui font profeſſion du Mahométiſme, ont dans la Ville une petite Moſquée, parce que leur Secte y eſt peu nombreuſe, & peu conſiderable. Mais les Idolâtres y ont pluſieurs Pagodes, entre leſquelles il y en a d'aſſez belles.

Les ruës de Pondichéri ſont larges, tirées au cordeau, & la plupart ornées de pluſieurs rangs d'arbres, qui ſont éternellement verts, & ſous leſquels les Tiſſerants, & quantité d'autres Ouvriers font leurs ouvrages.

Le Jeudi 28. Juillet je me trouvai à la Cérémonie, qui ſe fit à l'occaſion de la Croix de Chevalier de ſaint Lazare, que Monſeigneur l'Evêque de Sabule donna, ſuivant la commiſſion qu'il avoit de Monſieur le Marquis de Dangeau, Grand-Maître de cet Ordre, à Monſieur Mar-

tin, Gouverneur de la Ville & Fortereſſe de Pondichéri. Le Roy a fait
accorder à M. Martin cette marque
de diſtinction pour reconnaître les
grands & importans ſervices qu'il a
rendus à ſa Majeſté dans les Indes.
La Meſſe fut célébrée par M. l'Abbé
de Montigni ; & M. Villedor y pré-
cha. Un Archevêque Siriaque, qui
demeure depuis peu à Pondichéri,
aſſiſta à cette Cérémonie; où ſe trou-
vérent auſſi tous les Jéſuites, les Capucins, les Aumoniers des Vaiſſeaux,
& tout ce qu'il y a de perſonnes
de conſidération dans la Ville. Il y
eut Muſique. Durant tout le jour les
troupes furent ſous les armes ; & on
fit pluſieurs décharges du Canon de
la Fortereſſe, & des Vaiſſeaux. Le
repas fut magnifique. On y but à la
ſanté du Roy, de Monſeigneur, &
de Meſſeigneurs les Enfans de France, & du Grand-Maître de l'Ordre
de S. Lazare, au bruit de toute l'Ar-
tillerie du pays.

Nous aprîmes ces jours-là que le
Mogol, mécontent du peu de diligence que les Anglois aportoient à

le dédommager de la perte d'un de
ſes Vaiſſeaux , qui avoit été pris
par des Forbans d'Europe , avoit fait
arrêter tous les Anglois de Surate ,
ſaiſir leurs effets , & avoit envoyé un
détachement de ſa Cavallerie pour in-
veſtir Madras , Ville qui leur apartient ſur la côte de Coromandel. Ce
Pirate portoit pavillon Anglois. Nous
ſaurons aparemment dans la ſuite ce
que cette afaire deviendra.

Après 13. jours de ſejour à Pondicheri , nous en partîmes le dernier
de Juillet , & nous fîmes voile pour
Bengale. Monſeigneur de Cicé s'em-
barqua avec nous , dans le deſſein de
paſſer à ſa Miſſion ſur un petit Vaiſſeau de Siam , qui étoit moüillé dans
le Gange.

Le Jeudi 4. Août nous paſſâmes
aſſez proche de la fameuſe Pagode
de Jam-grenats , dont la Statuë eſt ,
dit-on , d'or maſſif , & auſſi grande
que le Saint Chriſtofe de Nôtre-Da-
me de Paris. Les deux yeux de cette
Idole ſont deux gros rubis d'un éclat ,
& d'une valeur ineſtimables. L'archi-
tecture du Temple quoique dans un

goût bizare eſt d'une régularité , &
d'une beauté charmante. On dit que
cette Pagode ſeule eſt deſſervie par
1400. Brâmes , qui ſont les Prêtres
des Idolâtres de ce pays-là.

Le Samedi 6. Août nous moüillâmes à la rade de Balaſſor , Port ſitué
à l'embouchure du Gange ; & où la
Compagnie des Indes d'Orient a un
comptoir. Comme l'entrée de ce
fleuve eſt toute remplie d'écüeils ,
& qu'on y court riſque de ſe perdre
à tout moment , chaque Compagnie
des Marchands d'Europe entretient
dans ce Port des Pilotes , & de petits
Vaiſſeaux , pour reconnaître les bans
de ſable , que la rapidité du Gange
fait changer ſouvent.

Le Vendredi 19. Août nous moüillâmes dans le Gange plus de 60. lieuës
au deſſus de ſon embouchure , au
Port nommé *Aldé du Mogol* , après
avoir paſſé au milieu d'une infinité
d'écüeils , qui nous tenoient dans
des alarmes mortelles , & dont le ſeul
ſouvenir eſt afreux. Ce Port eſt 30.
lieuës au deſſous de Chamdernagor ,
qui eſt une loge que les François ont

à Ougli ,dans le Bengale. Nôtre Vaiſſeau reſta là tout l'hiver , qui n'eſt pas plus rude que nôtre mois d'Octobre , ou de Novembre. Les autres Vaiſſeaux de l'Eſcadre qui é-toient plus petits , montérent devant nôtre Loge à Chamdernagor.

Durant 4. mois que nous avons reſté dans cet endroit , j'ai parcouru deux fois les rivages du Gange , & vû toutes les délicieuſes Villes qui bordent ce grand fleuve , durant l'eſ-pace de 50. lieuës. Cette ſaiſon qu'on apelle là Hiver eſt auſſi agréable , & auſſi abondante en fruits excèlents , que l'eſt nôtre Autonne en France.

Nôtre Loge eſt un grand bâtiment ſitué ſur le bord du Gange , & qui eſt beau & bien entendu. On bâtit en ce pays-là dans le goût des Italiens. Le deſſus des maiſons eſt en terraſſe, avec une petite muraille faite legé-rement , & à hauteur d'apui. On fait le ciment de ces terraſſes , & du corps des bâtimens , d'une compoſition, qui le rend inaltérable à la pluie, à l'air , & aux plus grandes chaleurs.

Dans le tems que j'étois à Chandernagor , le *Boxix* , qui est à peu près ce que nous apellons un Intendant de Généralité en France, vint voir nôtre Directeur , avec une suite de plus de 800. hommes tant à pié qu'à cheval. Ce Boxix est originaire de Perse : il est fort bien fait , fort poli. Il avoit à l'arçon de sa Selle une espèce de petite Timbale très-magnifique , qu'on me dît être la marque d'un homme d'une condition fort distinguée. J'ai sçu encore qu'il portoit aussi cet instrument pour la chasse de l'oiseau; & qu'au bruit de cette Timbale les oiseaux dont il se sert pour voller , reviennent à lui. On me montra particulierement un de ces oiseaux , qui est dressé de telle maniere pour la chasse du cerf , qu'il l'arrête fort plaisamment. Il fond sur la tête du cerf , où il se tient ferme ; & puis il lui bat de ses aîles si furieusement sur les yeux , que la bête ne faisant plus que tourner , donne souvent dans les bras des Chasseurs.

La Province de Bengale , qui est une des plus considerables des Etats du Mogol , a pour Gouverneur le

Prince *Mouſſedi* ou *Cha-ja-da*, qui eſt petit-fils du Mogol, & il fait ſa réſidence ordinaire à Ragemol.

Ce Climat eſt ſi propre pour la vie, que les hommes y vivent ordinaire-ment cent ans. Monſeigneur nôtre Evêque y donna le Sacrement de Confirmation à un vieillard haut, droit, & très-ſain de corps & d'eſ-prit, qui avoit cent cinquante ans.

La longue vie des originaires du pays, me fit ſonger à obſerver, comment la Médecine ſe pratique parmi eux. J'avois ſouvent de lon-gues converſations avec les Méde-cins Mogols. J'ai reconnu qu'ils ai-ment,& pratiquent la Chimie, & qu'-ils en tirent de puiſſants remèdes pour le ſecours de leurs malades. Ils cultivent la Botanique avec une at-tention prodigieuſe ; & ſur tout ils s'attachent à bien reconnaitre les vertus, & les facultez des plantes de leur Climat. Comme ce ſont les Médecins qui font chez eux la Chi-rurgie, dont ils font une eſtime par-ticuliere, ils traitent les plaies avec une ſimplicité qui fait bien voir qu'il

ne faut qu'un peu aider à la nature, & ne la pas accabler par tous ces
onguents, dont nos Pharmacopées
font remplies. Ils ne fe fervent prefque jamais que du fuc de quelque
plante, qu'ils apliquent fur la plaie,
qu'ils tiennent d'ailleurs très-propre.
La propreté en efet eft naturelle aux
Orientaux, & ne contribuë pas peu
à l'hûreufe fanté, dont ils joüiffent.
J'ai été curieux d'aporter en France
plufieurs de leurs compofitions chimi-
ques, que je garde. Ces Médecins tra-
vaillent également fur les Mineraux,
fur les Végétaux, & fur les parties
des Animaux. Ils ont fait beaucoup
de cas de quelques operations chi-
miques, que j'ai aprifes fous M.
Lemery Docteur en Médecine, &
de l'Academie Royale des Sciences.
Ils ont trouvé fon Livre de Chimie
fi beau, & fi utile, qu'ils m'ont o-
bligé de leur laiffer l'exemplaire que
j'avois.

Le 19. de Décembre 1701. nous
apareillâmes pour décendre le Gange & aller moüiller à l'Ifle de Galle à l'embouchure de ce Fleuve, où

nous arrivâmes le 23. Décembre , a-
près avoir couru derechef tous les
hazards de cette fâcheuse navigation,
où tant de Vaisseaux se perdent tous
les ans.

Il y a proche de Galle , l'Isle de
Sagor , lieu de pélerinage des Gen-
tils qui adorent le Gange , comme
les Egiptiens adoroient autrefois le
Nil. Il y a vers le mois de Décembre
une infinité de pélerins qui y abordent de tous côtez. Ils visitent les
Pagodes qui font très-ornées. Ces
Pagodes font gouvernées par une espèce d'Hermites , qu'ils apellent *Jo-*
guis ; & qui vendent en bouteilles
scellées de leur cachet l'eau du Gange à ces pélerins. Ils ont une confiance infinie en cette eau , qu'ils
transportent jusqu'à 500. lieuës dans
les terres , pour donner aux malades
qui n'ont pas le moyen d'en venir
boire au bord du Gange.

Le Mécredi 18. Janvier 1702.
nous partîmes de Galle , pour retourner à Pondicheri, où nous moüillâmes le 1. de Février. Nous y aprîmes la mort de M. de Villedor , qui

n'a point eu la confolation d'aller
jufqu'à la Chine. Il s'étoit ufé durant près de fix mois de navigation,
par une trop grande aplication à
l'étude de la langue Chinoife ; ce qui
ne s'accorde point avec la vie trifte,
& pénible qu'on mène durant un fi
long voyage de Mer.

Le 17. Février nous levâmes l'an-
cre pour aller à l'Ifle Bourbon, &
de là retourner en Europe.

Le 23. Février nous vîmes fur les
fept heures du foir une Comète, qui
avoit fa tête à Oueft quart de Sud-
Oueft ; & fa queuë à Oueft Sud-
Oueft. Ceux qui favoient ce que la
Phyfique enfeigne de ce corps com-
pofé des parties du troifiéme Ele-
ment de M. Defcartes, & qui a la
force de paffer de tourbillon en tourbillon, fans pouvoir fe fixer dans
aucun, ne furent pas émus à l'af-
pect de ce nouveau Phénomène ;
mais le peuple de nôtre équipage
ne manqua pas de s'allarmer, & de
prendre cela pour un mauvais augu-
re. Elle dura 8. jours, & difparut
entierement le Vendredi 3. Mars.

Le Dimanche 5. Mars nous paſſâmes la Ligne.

Vendredi 10. nous trouvâmes le Soleil à nôtre Zénith.

Le Lundi 3. Avril nous cotoyâmes de fort près l'Iſle Maurice, qui apartient aux Hollandois.

Le Mardi 4. nous moüillâmes à l'Iſle Bourbon, ou Maſcarin, diſtante de 30. lieuës de l'Iſle Maurice. L'Iſle Bourbon apartient à la Compagnie des Indes. Elle a environ 80. lieuës de circuit. C'eſt une Iſle fort fertile : mais une grande partie de ſon terrain eſt gâtée par un Volcan, qui vomit jour, & nuit des torrens de feu épouvantables. Il peut paſſer pour un des plus terribles Volcans, qui ſoient au monde. On trouve dans cette Iſle une abondance de tortues de terre, qui ſont d'un grand ſecours pour la nourriture de l'équipage des Vaiſſeaux : Car enfin ce qu'il y a de très-commode dans ces animaux, c'eſt qu'ils ne coûtent rien à nourrir dans les Vaiſſeaux. Il n'en coûte pas même de l'eau ; & elles vivent de l'air quelquefois six mois. Il y a dans cette Isle des montagnes prodigieuses ; & on en aperçoit la cime de plus de 40. lieuës. On y trouve la gomme de Tacamaca, le Benjoin ; & les prairies y sont toutes couvertes de Jonc odorant ; ce qui rend la chair des animaux qui y paissent, d'un goût exquis.

Le 10. Avril nous partîmes de l'Isle Bourbon, que nous ne quittâmes qu'avec peine, à cause de la quantité de viande, & de poisson délicieux qu'on y trouve. Et dorénavant nous allons faire route pour la France, sans relâcher : on pourroit dire que c'est faire près de 4000. lieuës tout d'une haleine.

Le Mardi 12. Avril nous passâmes le Tropique du Capricorne.

Le Dimanche 7. Mai nous vîmes d'assez près le Cap de Bonne-Espérance ; & après Vêpres on chanta le *Te Deum*, pour rendre graces à Dieu de nous avoir fait resister à des vents contraires, qui nous ont fort tourmentez depuis nôtre départ des Indes.

Le

Le Vendredi 12. Mai, un de nos Matelots tomba à la Mer du haut de la Vergue de Mizéne ; & quelque diligence qu'on fit pour le fauver, la Mer étoit si rude qu'on ne pût jamais le voir. C'étoit un homme plus sage & plus réglé, que ne le sont ordinairement les Matelots, que les dangers continuels de la Mer ne rendent pas plus attentifs à l'afaire de leur salut éternel.

Le Lundi 15. Mai nous avons repassé le Tropique du Capricorne, que nous ne verrons plus dans ce Voyage.

Le Mécredi 7. Juin nous repassâmes sous la Ligne, pour la quatriéme, & derniere fois.

Le 22. Juin nous parlâmes à un Vaisseau Anglois, chargé de Bouriques, qu'il avoit été prendre aux Isles du Cap Vert ; & qu'il portoit en l'Amérique. Il nous assura que toutes les Couronnes de l'Europe étoient en paix ; & par là il nous échapa.

Le 26. Juin nous sommes sortis de la Zone Torride, nous avons

paffé le Tropique de Cancer , où il
étoit alors le Soleil , & nous fommes entrez dans nôtre Zone tem-
perée Septentrionale.

Nous nous trouvâmes quelques
jours après dans des campagnes auffi
belles , & auffi agréables que les
Champs Elifées du Cours la Rei-
ne. Le grand inconvenient , c'eft
que ces plantes fur lefquelles paffoit
nôtre Vaiffeau , ne peuvent foufrir
d'être foulées par les pieds des mortels. C'étoit une prairie flotante , &
des plus vaftes, qu'il y ait au monde. Elle eft du moins de 300. lieües
d'étenduë. Je n'y ai obfervé qu'une
même forte de plante ; mais qui ne
laiffe pas de faire une beauté en ce
lieu-là. Elle reffemble affez à l'*Hip-*
puris minor de Dodonée ; mais outre cela, elle eft toute remplie de
petits fruits gros , comme font nos
grofeilles. Quelque quantité qu'on
puiffe tirer de cette herbe flotante ,
on ne rencontre jamais aucune a-
parence de racine ; ce qui fait croire à quelques-uns , qu'elle craît au
milieu des eaux , d'où elle tire fa

subfiftance. Ce qui ne devroit pas cependant tout-à-fait empêcher qu'elle n'eût une racine ; car enfin nous avons une expérience commune, & pourtant qui fait plaifir toutes les fois qu'on la voit, qui prouve que les plantes qui ne tirent leur nourriture que de l'eau, ne laiffent pas de pouffer des racines. En efet fi on met, dans une fiole pleine d'eau, une petite branche de mente ou baume de jardin, en huit jours elle y pouffe des racines ; & en moins de deux mois, elle devient une trèsgrande plante, monte en fleur, & en graine, & remplit toute la capacité de la fiole d'un fort grand nombre de racines.

Le Dimanche 23. Juillet à 11. heures du foir nous moüillâmes hûreufement à la grande rade du Port Loüis, proche l'Ifle de Groa : & le lendemain 24. nous entrâmes dans le Port, & de la même marée nous allâmes à l'Orient, qui eft le lieu, où reftent les Vaiffeaux du Roy, & ceux de la Compagnie des Indes. Nôtre joie n'étoit pas médiocre,

comme on le peut penfer , de nous
voir en lieu de feureté , après avoir
évité tant de dangers. Et fi un gros
brouillart ne nous eût pas favorifez à
nôtre arrivée en France , nous é-
tions perdus à la vûë du Port ; parce
que nous aurions été la proie de
nos ennemis qui croifoient alors à
l'embouchure de la Manche. Le
grand nombre de malades du Scor-
but que nous avions , mal inévita-
ble dans de fi longues traverfées ,
nous métoit hors d'état de faire la
manœuvre , & de foûtenir un combat. Dieu foit loüé à jamais.

CURIOSITEZ

DE

LA NATURE,

ET

DE L'ART.

I.

La Terre de Patna.

LA terre de Patna eſt une terre admirable, dont on fait dans le Mogol des eſpèces de pots, de vazes, de bouteilles, & de carafes, ſi minces, & d'une legereté ſi grande, que le vent les emporte facilement. Ces vazes n'ont pas plus d'épaiſſeur qu'une carte à joüer. On ne sauroit rien voir en ce genre, où la dextérité, & l'adresse de l'ouvrier paraissent davantage.

J'en ai aporté plusieurs des Indes, & sur tout de ces bouteilles qu'on apelle Gargoulettes. Et nos curieux sont ravis d'étonnement, de voir des bouteilles de terre, qui tiennent une pinte de Paris, qu'on pourroit presque soufler comme ces bouteilles de savon, que font les petits enfans. On se sert de la Gargoulette, pour mêtre rafraichir de l'eau. Quand l'eau y a été un peu de tems, elle prend le goût, & l'odeur de la terre de Patna, & devient delicieuse à boire ; & ce qui est de plus ravissant, c'est que le vaze s'humecte, & qu'après avoir bû l'eau, on mange avec plaisir

la bouteille. Les femmes des
Indes , quand elles font groffes , n'y aportent pas tant
de façon. Elles aiment à la fureur cette terre de Patna ;
& fi on ne les obfervoit pas
là deffus, il n'y a point de femme groffe , qui en peu de jours
ne grugeât tous les pots, plats,
coupes , bouteilles , & vazes
de la maifon , tant elles font
friandes de cette terre. Ce feroit ici une occafion de faire
des invectives contre les femmes fur ces apetits bizares qui
leur prennent dans leur grof-
feffe , s'il étoit permis de plai-
zanter aux dépens des infir-
mitez d'un Sexe , à qui nous
ne pouvons manquer de refpect, qu'en nous oubliant hor-
riblement. Souvenons - nous
qu'elles n'ont ces étranges ca-
prices, qui leur font quelque-

fois manger du cuir, de la terre,
de la cire d'Efpagne, du char-
bon, &c. que lors qu'elles de-
viennent nos méres. Ainfi ne
leur reprochons jamais ces le-
gers défauts, qui ne font que
des fuites d'une penible grof-
feffe, à laquelle nous devons,
& l'être, & la vie.

II.

Les Pierres de Serpent.

CEs pierres font de couleur
d'ardoife ; elles font pla-
tes, & de la grandeur d'un
foû marqué. Elles s'apellent
dans les Indes *Pierres de Serpent*, à caufe qu'elles ont la
vertu de guerir les morfures
de couleuvres, viperes, ferpents,
&c. Ces pierres, qui font le
plus fouverain remède, qu'on
ait encore trouvé contre les
morfures

morſures des Serpents , viennent du Royaume de Cam-
boya. Quelques-uns diſent qu'-
elles ne ſont point naturelles ;
mais factices , & compoſées de
pluſieurs *ingrediens* , dont ceux
du pays font un grand ſecret
aux Etrangers. Il y en a qui
les croient naturelles. Et M.
Boyle dit qu'on lui a aſſuré ,
qu'on les trouve dans la tête
de certains Serpents qui ſont
vers Goa. Quoi qu'il en ſoit ,
voici comme on s'en ſert.

Si la plaie n'a point ſaigné ,
après la morſure , ou piqure
du Serpent , il faut piquer le-
gérement l'endroit qui a été
bleſſé , de maniere que le ſang
en ſorte. Après quoi il faut y
apliquer la pierre , qui s'y attache incontinent. Elle attire ,
& ſucce le venin. Il la faut
laiſſer deſſus la plaie , juſqu'à

ce qu'elle se détache d'elle-
même : après cela, il faut la-
ver la pierre dans du lait qui
se charge incontinent du venin ; & si on n'avoit pas de
lait, on la lave dans de l'eau.
Après l'avoir bien essuyée, on
la remet sur la plaie ; ce que
l'on continuë de faire jusqu'à
ce qu'elle ne s'y attache plus.
Ce sera alors une marque évi-
dente, que tout le venin sera
sorti.

Il y en a qui croient qu'elle auroit la même vertu pour
la morsure des chiens enragez,
en pratiquant la même chose,
que nous venons de dire. Ce
qu'il y a de plus assuré, c'est
que cette pierre est généralement estimée dans tout l'Inde.
M. Boyle qui ne revoque point
en doute la vertu de la pierre de Serpent, en tire un ar-

gument pour prouver que l'a-
plication extérieure de certains
amulettes peut fort bien opé-
rer des guérisons. Voici ce qu'il
raconte au sujet de ces pierres. Je me rangerois volontiers
au parti de ces habiles Médecins, qui ne reconnaissent nulle vertu dans les pierres; même dans celles qu'on tire des
Serpents; & je me joindrois
en cela au docte, & curieux
M. Rédi, qui dans ses expériences n'a observé dans ces
pierres aucune faculté. Peut-
être que tout ce qu'on nous
vante comme étant des Indes,
n'en vient pas. Il faut pourtant avoüer, après avoir rejet-
té tous les contes fabuleux,
qu'on debite dans le monde
sur les pierres, qu'il y en a,
dont il n'est pas possible de
nier la vertu. Et en éfet un Sa-

vant tout pétri de la Philosophie de Descartes, & qui par
conséquent étoit fort en garde contre les qualitez occul-
tes, & sur les traditions po-
pulaires des Orientaux, m'a
assuré que dans le tems qu'il
étoit dans les Indes, il a guéri par la seule aplication de
la pierre de Serpent plus de
soixante personnes qui avoient
été morduës, ou piquées par
des Serpents. Et moi-même,
ajoûte M. Boyle, j'en ai fait
l'expérience sur des animaux,
que j'avois fait mordre par des
Vipéres. Ce qui m'induit à
ne pas rejetter comme faux
tout ce que l'on dit sur les vertus des pierres. *Quodque sum-*
psi ipse experimentum cum ge-
nuino ejusmodi lapide è corpori-
bus brutorum, fecit omninò, ut
huic rei fidem non negem. Sim-

plic. medicam. util. & ufus, p.62.

III.

La Pierre d'Aigle : la Pierre quarrée des Indes.

ON eſt auſſi entêté des Pierres d'Aigle en Aſie, qu'on l'eſt en Europe. On la nomme *Ætitès* du mot grec, Αετός, qui ſignifie une Aigle. On dit que cette pierre facilite l'acouchement, ſi on l'atache à la cuiſſe de la femme dans le tems du travail. On ajoûte qu'on en trouve dans les nids d'Aigle; parce que l'Aigle ne pond ſes œufs qu'avec une dificulté extrème. Cette pierre eſt creuſe, & elle renferme un noyau pierreux, qu'on apelle *Callimus*, & qui fait du bruit, quand on la ſecouë.. On lui atribuë beaucoup de

qualitez imaginaires, & que
l'expérience dément tous les
jours. Je ne voudrois pas dire
comme quelques modernes,
que toutes les pierres doivent
être rangées avec les Alcalis,
& qu'elles font feulement af-
tringentes, & des abforbans.
Mais auffi je fuis du fentiment
de M. Boyle qui dit fi judicieu-
fement : Ceux qui atribuent
tant de vertus aux pierres précieufes, ne méritent pas le nom
de Philofophes. *Tom. II. p. 2.*
Specimen de gemmarum virtu-
tibus.

Mais j'ai aporté des Indes
une pierre qui y eft fameufe,
par la qualité qu'elle a d'aider à l'acouchement. On la
nomme fimplement *Pierre*
quarrée, parce qu'elle eft éfec-
tivement quarrée de tout fens,
groffe, & de figure cubique

comme un dez à joüer. Elle eſt brûne, & quaſi de couleur de Caffé.

Elle eſt naturelle, & ſe trouve dans le Royaume de Calicut à l'Oueſt de Pondichéri. L'uſage eſt d'en broyer un peu avec du vin ſur un porfire, & de le faire boire à la femme qui eſt en travail ; & puis on lui attache la pierre à la cuiſſe gauche. Celles que j'ai, m'ont été données par le R. P. Dolu Jéſuite à Pondichéri. Il ne fut jamais homme plus poli, plus généreux, & plus ſavant dans la connaiſſance des choſes naturelles.

Généralement parmi les Naturaliſtes on convient que la cervelle de Rekin poiſſon vorace, eſt un ſpècifique pour faciliter l'acouchement. Cette cervelle eſt blanche comme la

neige ; on la fait fecher, on la
met en poudre , & on en donne
dans du vin blanc. Cela même eft excèlent pour la gravelle.

Il eft furprenant combien
de grands hommes ont attri-
bué de vertus aux pierres.
Diofcoride dit que la Pierre
d'Aigle découvre les larrons :
Et Béllon *l. 2. c. 23.* montre la
façon , dont les Caloïers s'en
fervent encore aujourd'hui en
la pulverifant, pour le même
éfet. M. Voffius , dans fa Phy-
fiologie Chrétienne , dit des
merveilles de la Pierre d'Aigle : *lib. 6. cap.* 19. *& 20. &c.*
Mais il en dit trop : Et ceux
qui n'accordent aucune vertu
aux pierres , paffent dans une
autre extrêmité auffi mauvai-
fe. Je me rangerois du côté de
M. Boyle , qui marche entre

ces deux extrêmitez. Ce savant Physicien bat en ruine ces
gens, qui plus durs que les pierres mêmes, ne veulent écou-
ter ni la raison, ni l'expérience,
& dénient toute faculté médecinale aux pierres. Il se mo-
que de la plus spècieuse de leurs
objections, & qui est leur Achil-
le : Ils prétendent que les pierres sont trop dures, & trop
compactes, pour qu'il s'en
puisse écouler des vapeurs, &
des corpuscules capables de
de quelque action. Ils n'y son-
gent pas : car enfin ont-ils ou-
blié que l'Aimant est une pierre très-dure, & qu'il s'en ré-
pand avec abondance, & au
loin de perpetuels écoulemens
de matiere magnetique, qui
fait tout le mécanisme charmant de ces merveilleuses expériences, que l'on ne se lasse

jamais de voir. Ces corpuscules ont même prise sur le corps
humain ; & M. Boyle dit qu'-
un homme ne tient point long-
tems indiféremment un bon
aimant, enfermé dans sa main.
On peut voir comment il prouve qu'il y a dans les pierres
précieuses, des parties métalliques, qui se dévelopent quand
on les porte en amulette par
la chaleur de la personne. *De*
gemmarum virtutibus, Sect. II.
p. 34.

I V.

Le Jade.

C'Est une pierre verdâtre
de couleur d'olive, & qui
est fort estimée dans les Indes
d'Orient, & dans les Indes
d'Occident. Il est fort recher-
ché par les Turcs, & par les

Polonois, qui en ornent toutes fortes d'ouvrages : fur tout
ils l'emploient à faire des manches de Sabre qu'ils font graver, & remplir d'or fin. M. Ber-
nier dit que les Caravanes du
Tibet en portent au Cachemi-
re ; & que les Galibis na-
turels de l'Amérique méridionale en font grand trafic,
& l'eftiment autant que le Diamant. Ils en font une eftime toute particuliere, & l'achétent
tout ce que l'on veut, à caufe
des vertus médecinales qu'ils
lui atribuent. Ils difent que
cette pierre eft excèlente contre l'épilepfie , les maux de
reins, la gravelle , & la pierre, en la portant fur les reins.
Ils ajoûtent qu'elle fait fortir
le fable par les urines. Le Jade eft auffi fort eftimé à Paris ; & les Joailliers font affez

84 *Curiositez de la Nature,*
valoir les petits morceaux de
Jade, quand ils font bien taillez, & d'une maniere à être
portez commodément fur les
reins. Le Livre intitulé *le parfait Joaillier* ne fait point de
dificulté de l'apeller *Pierre Divine,* à caufe de fes grandes
vertus. Eft-il poffible que les
Anciens, & les Modernes,
l'Orient, & l'Occident foient
dans l'erreur à l'égard de cette pierre, & qu'elle ne foit
bonne qu'à faire des manches
de coûteau ? Je craindrois de
tomber moi-même dans l'erreur en penfant fi defavanta-
geufement fur les lumieres de
tant de grands hommes, qui
ont fi fort exalté les vertus du
Jade. Il y en a de trois verds
diférents, & j'en ai de ces trois
fortes. Ce qu'il y a de vrai,
c'eft qu'il eft d'une dureté in-

finie ; il eſt plus dur que le Porphire, que l'Agate, & le Jaſpe, qu'on ne peut travailler
qu'avec la poudre de Diamant.
Les petits morceaux que j'ai,
ſont taillez en amulettes, pour
être portez ſur la région des
reins. Boëtius de Boot dit des
merveilles de cette pierre. Il
en raporte ce qu'on peut apeller des miracles.

V.

Le Jaſpe vert Sanguin Oriental.

C'Eſt une pierre dure, polie, luiſante, d'un vert
foncé, & qui eſt mêlée de taches rouges. Quoique le Jaſpe ſoit ſouvent employé à faire divers ouvrages, on ne laiſſe
pas de l'eſtimer encore, pour
les vertus médecinales qu'on
lui atribuë. Sur tout le Jaſpe

vert sanguin est aujourd'hui le plus estimé de tous. Boëtius de Boot raporte des guérisons prodigieuses, qu'il a faites par la seule aplication extérieure d'un Jaspe sanguin qu'il avoit : Et avant que de parler de ces merveilleuses guérisons, il avertit le Lecteur qu'il n'est pas de ceux, qui acordent si facilement des vertus aux pierres : *Je n'atribuë pas*, dit-il, *tant de forces aux pierres communes, & précieuses que le Vulgaire a coutume de faire.* Pour lui il est pleinement persuadé, que par la seule aplication de sa pierre de Jaspe sanguin, il a arêté des pertes de sang par le nez, & par les hémoroïdes, &c. Il ajoûte que quelques-uns atribuent la même faculté au Jaspe vert, qui a des taches rouges. On dit qu'étant

ataché au col, & touchant vers
l'orifice de l'eſtomac, il le fortifie, arrête le vomiſſement,
& ôte même l'envie de vo-
mir. Les Orientaux en portent
en forme d'amulete pour empêcher le flux de ſang, contre la fievre, contre l'hidro-
piſie, contre l'épilepſie. Ils
prétendent qu'il a plus de vertu étant enchâſſé dans de l'argent, que dans tout autre métail. Ce ſeroit une choſe bien
belle, & bien agréable, s'il
contribuoit au repos, & à la
ſérénité de l'eſprit, s'il chaſ-
ſoit les penſées importunes,
noires, & fâcheuſes, qui cauſent quelquefois de ſi cruelles
inquietudes. On prétend qu'il
a cette admirable vertu; parce
qu'il eſt propre à temperer les
humeurs qui ſont déchaînées,
& à calmer l'impetuoſité du

fang, d'où naissent ces pensées
fombres, & mélancoliques, qui
affligent quelquefois fi fort les
perfonnes les plus gaies, & les
plus raifonnables. La nouvelle Médecine qui profcrit tous
les amuletes, & qui condam-
ne toutes les pierres, à être
rompuës vives, & broyées fur
le porphire, pour fervir de quelque chofe en médecine, ne fait
pas plus de grace au Jafpe. Il
faut, dit-on, qu'il foit ainfi
préparé pour devenir aftrin-
gent, & propre à arêter le fang,
& le cours de ventre. Que deviendront donc tant d'expériences fi célèbrées dans des
Auteurs fi habiles? En voici
une, fur laquelle je voudrois
bien entendre ces nouveaux
Phyficiens. Elle vient de bon
endroit; & cet endroit eft au
deffus de tout foupçon en matiere

itiere d'illufion, de crédulité,
& de fupercherie.

Enfin nous la tenons de M.
Boyle ; c'eft tout dire ; & fon
nom feul raffurera ces gens qui
fe défient fi fort des expériences qu'ils n'ont pas faites.

J'ai vû, dit M. Boyle, une
Agate, qui n'étoit pas plus groffe qu'une mufcade, & qu'on
gardoit à caufe de fes rares vertus dans une maifon de condition. Je ne raporterai point toutes les merveilles qu'on m'en a
racontées. Je dirai feulement
une chofe qui fait bien voir qu'-
un corps, de quelque extrème
dureté qu'il foit, peut pourtant être d'une très-grande
vertu. Un jeune homme favant,
bien fait, & de beaucoup d'efprit, étoit fouvent attaqué
d'une hemorragie de fang par
le nez, & qui étoit ordinaire-

ment si violente, qu'elle faisoit
craindre pour sa vie. Son Médecin, quoique très-habile,
m'a témoigné plusieurs fois que
ce jeune homme d'un tempé-
rament trop sanguin expire-
roit dans une de ces hemor-
ragies. Il n'y a point cependant
de remède qu'on ne lui fît,
pour le sauver, & toûjours inutilement. Enfin une vieille pa-
rente lui prèta cette Agate,
& la lui attacha au col, de
maniere qu'elle touchoit à la
peau. Quelque fort que fût le
paroxisme, dès qu'on apliquoit
la pierre, l'hémorragie cessoit;
& ne recommençoit point, tant
qu'il portoit cette Agate. Comme je semblois atribuer cet
éfet à la force de l'imagination, le jeune homme me con-
ta qu'une Dame de qualité a-
voit fréquemment des pertes

de fang fi horribles , qu'elle tomboit en foibleffe , & perdoit connaiffance , & que durant ce tems-là on lui attachoit au col cette Agate , qui ne manquoit jamais d'arrêter auffi-tôt le fang. L'imagination de la Dame ne pouvoit avoir aucune part à cette guérifon ; puis qu'on lui apliquoit cette pierre , fans qu'elle en fût rien ; mais ce qui eft au deffus de toute chicanerie ; c'eft que quand il falloit faigner de tems en tems le jeune homme , à caufe de fon temperament fanguin , qui lui faifoit trop de fang , & pour prévenir l'hémorragie ; tant qu'il avoit l'Agate à fon col , le fang ne couloit jamais avec la facilité , & l'abondance ordinaires ; on étoit obligé d'ôter , & d'éloigner la pierre : *Vena cum a-*

H ij

*perienda foret, lapidem aliquan-
do seponere cogebatur ; quandiu
enim gestabat, sanguis non ef-
fluebat, solità tamen, & desi-
deratâ celeritate.* Simplic. Medic.
Utilit. & usus, *pag.* 63. Qui
dira après cela que les pierres
ne sont bonnes en médecine,
qu'à être mises en poudre, &
prises intérieurement ?

VI.

La Pierre de petite Vérole.

LEs Anciens, qui ont par-
lé des pierres, ne font
point mention de la pierre de
petite Vérole, sous ce nom-là.
Sans doute qu'ils l'auront connuë, & qu'ils en auront parlé
sous une autre dénomination.
Cependant je ne l'ai point trou-
vée décrite dans le petit Traité de Théophraste, ni dans

Laët, non plus que dans le juste volume de Boëtius de Boot. Cette pierre, qui vient des Indes, est belle, & digne de considération. On l'apelle *Pierre de petite Vérole* ; parce que dans sa couleur verdâtre, elle est parsemée de taches blanches, & rondes, qui répréfentent fort bien des grains de petite Vérole meurs, & aplatis. Cette pierre est une espèce de Jafpe vert. Il y en a de toutes fortes de figures. Elles font ordinairement rondes, & un peu plattes. J'en ai vû une qui étoit ronde, & groffe comme une balle de jeu de paume. On fait aujourd'hui beaucoup de cas de cette pierre ; à caufe de la vertu qu'on lui atribuë de faire facilement fortir la petite Vérole, & d'empêcher qu'on n'en foit marqué;

pourvû qu'on la laisse apliquée
sur la chair du malade. Les Philosophes, comme Crollius, qui
prétendent que l'Auteur de la
nature a mis des indications,
qu'ils apellent *Signatures*, dans
les plantes, & dans les pierres, & qu'ils regardent comme des marques extérieures
de leur vertu oculte, & intérieure, ne manqueront pas de
soûtenir que cette pierre doit
être un amulette merveilleux
contre la petite Vérole. *Crollius* a fait un Traité *de Si-
gnaturis internis rerum*, qui rou-
le entierement sur la ressem-
blance, que les plantes ont
dans leurs feüilles, dans leurs
semences, ou dans leurs racines, avec le mal, ou la partie malade. C'est sur ce principe, qu'il dit, que la semence de raves, ou de lentilles

mife en décoction, eft un bon remède pour la petite Vérole ; à caufe de leur reffemblance avec les boutons naiffans de cette fale maladie. *Variolis infantum, feminis raparum, & lentium decoctum medetur à fimilitudine.* p. 48. Que n'auroit point dit ce fameux Phyficien, s'il avoit connu la pierre, dont nous parlons ? Il auroit bien fait valoir fon grand principe, qu'il apelle : *miram ex innatâ rerum fignaturâ cum corporis noftri membris harmonicam correfpondentiam.* C'eft, dit-il, à caufe de cette *correfpondance harmonique*, & de cette reffemblance que tous les Médecins conviennent, que la pulmonaire eft excèlente pour les maladies du Poûmon. Ce qu'il juftifie à l'égard d'un très-grand nombre d'autres plantes , dont il paraît que la *Si-gnature* a été la raison du choix, qu'on en a fait pour certaines maladies. Gaffarel excelle, & brille merveilleusement sur ces *Signatures*, qui font comme autant d'inscriptions gravées par les mains de la nature sur les chofes naturelles, pour aprendre aux hommes l'ufage qu'ils en doivent faire. *Gaffarel, Curiofitez inoüies*, p. 85. *Crollius* a fes admirateurs , comme il a fes contradicteurs : Comment connaitre ceux qui ont raifon ?

VII.

La Pierre néfrétique.

CEtte pierre vient de la nouvelle Efpagne. Son nom fait connaitre qu'elle eft reconnuë propre, pour arrêter les douleurs afreufes de la colique

lique néfrétique, pour briser la pierre des reins, & pour faire jetter le sable par les urines. On l'attache ordinairement au col. Quelques personnes la portent sur la région des reins. On la met aussi à la cuisse, au bras, ou bien au doigt montée dans une bague.

Il est facile d'être trompé dans le choix de cette pierre; parce qu'encore qu'elle soit le plus souvent grise, & verdâtre, il n'est pas aisé de la distinguer d'un Jaspe, qui est tout semblable : Et d'autant plus que la Pierre néfrétique est quelquefois mêlée de jaune, de blanc, ou de noir; ce qui la confond absolument avec une infinité de Jaspes dans lesquels on voit le même mêlange de couleurs. Ce qui pourroit y mêtre de la diféren-

ce ; c'est qu'ordinairement la
Pierre néfrétique est moins dure, & qu'elle ne prend pas un
si beau poli que le Jaspe. A-
près tout il y a très-souvent si
peu de diférence entre le Jafpe, & la Pierre néfrétique,
qu'on est fort embarassé à les
distinguer ; & dans le choix,
on ne risqueroit pas beaucoup
à faire, comme le juge Bri-
doye, dont parle Rabelais,
qui décidoit par deux coups
de dez, les procès qui l'embar-
rassoient.

VIII.

La Pierre Divine.

Cette pierre est une nouvelle espèce de Pierre Néfrétique, & à laquelle on commence de donner du credit dans le
monde. Elle est cependant plus

brune, plus dure, & d'un plus
beau poli, que la Pierre Néfrétique. J'en ai une, qui eſt
platte, & taillée en cœur, que
je conſens fort volontiers qu'-
on nomme *Pierre Divine* ; afin
de lui donner du relief parmi
mes curioſitez. Le nom de *Di-*
vine, qu'on donne à cette pierre, eſt fondé ſur les grandes
vertus qu'on y a remarquées.
On aſſure qu'elle caſſe la Pierre dans les reins, & la pouſſe
en petit ſable par les urines,
ſi on la porte attachée ſur les
reins.

La grande queſtion revient
toûjours : & il y aura des gens
très-raiſonnables qui doute-
ront des qualitez qu'on attribuë à cette pierre. M. Redi,
qui s'eſt attaché à faire des
expériences ſur les choſes qu'on
aporte des Indes, & dont nous

avons un ouvrage sur cette matiere, n'hesite point à dire qu'il
ne croit rien de toutes ces
prétenduës vertus.

On a, dit-il, aporté plu-
sieurs fameux médicaments
d'Afrique, & des Indes tant
d'Orient, que d'Occident En
Europe, & on comptoit beaucoup sur ces drogues ; cependant, quand j'en ai voulu faire
l'essai, je n'ai rien trouvé qui
vaille : *Rem loquor veram mul-*
ta famosa medicamenta , inde
ab Africa , & Indiis tam O-
rientalibus , quàm Occidentali-
bus , magnâ expectatione in Eu-
ropam delata , mihi tractanti
non respondisse , & facto peri-
culo nullius valoris fuisse. Experiment. Natural. p. 88. Un
peu après il modifie cette cen-
sure si violente, & dit : Je n'i-
gnore pourtant pas ; & j'en

suis convaincu par moi-même, que les expériences sont
dificiles, & sur tout fort trom-
peufes en matiere de médecine ; parce que les maladies
de même efpèce ont fouvent
des caufes toutes diférentes,
felon la difpofition des corps,
& les circonftances du lieu, &
du tems ; & qu'il ne faut que
très-peu de chofe, pour arrêter, diminuer, ou varier l'action de la nature. Voila ce
qu'on apelle faire ufage de fa
raifon, & véritablement philofopher. *Nec tamen ignoro,
aut quotidie minus experior, ex-
perimenta difficiliora, & maximè fallacia effe illa, quæ circa res medicas fiunt, &c.* p. 90.
Les vrais Philofophes ne vont
pas fi vîte, & ne décident pas
avec hauteur. Ainfi fupofé que
dans les lieux, où fe forment

les pierres , il s'y trouve des
parties salines , vitrioliques ,
du soufre , du bitume , des subs-
tances métalliques , avec les
sucs pétrifiants ; en voila tout
autant qu'il en faut , pour communiquer à ces pierres des
qualitez médecinales.

C'est sur ce principe , que
M. Boyle démontre qu'il y
peut avoir de grandes vertus
dans les pierres , & que la chaleur du corps humain est su-
fisante de les déveloper , &
d'en faire sortir de larges é-
coulemens de matiere subtile ,
& médecinale. Ce qui soit dit ,
sans pourtant autoriser les récits fabuleux , & les hiperbo-
les , dont des Auteurs peu
exacts , & trop credules ont
rempli leurs écrits. M. Boyle
a pris sur cette matiere , comme sur tout ce qu'il examine

un raisonnable, & juste tem-
pérament : Et on ne sauroit
lire qu'avec beaucoup de sa-
tisfaction son docte Traité :
De gemmarum origine, & vir-
tutibus.

I.

Le Macha-mona , ou la Cal-
lebasse de Guinée.

ESt un fruit de la même
figure que nos Callebas-
ses. Aussi l'apelle-t-on pour ce
sujet : *Callebasse d'Afrique.* Il
y en a qui ont un pié de long,
& six pouces de diamètre.
L'écorce est une substance li-
gneuse très-dure ; & dont on
pouroit faire des tasses, comme on en fait de Coco. Le
dessus de cette écorce est couvert d'une espèce de velours
verdâtre qui fait un bel éfet.

Le dedans de ce fruit est admirable. Il est divisé par côtes, comme le melon l'est par
dehors. Ces côtes sont sépa-
rées par des filamens, qui en
atachent la chair à la paroi
intérieure de l'écorce ; & ces
filamens partent de la circon-
férence , & se terminent au
cœur du fruit. La chair est
proprement de la même couleur , que le dedans de la ci-
troüille. Quand ce fruit est
meur, cette chair est d'un goût
aigrelet, & qu'on trouve délicieux dans les pays chauds ,
où l'on en use comme de Li-
monade à Paris, pour se rafraichir. On en donne volontiers aux malades ; & sur tout
dans les cours de ventre ; car
outre le suc , qui est un peu
stiptique, la chair est d'un aussi
bon goût que le pain d'épices

de Reims ; & peut paſſer quand
elle eſt sèche, pour un excélent abſorbant. Les eſclaves en
font de la boüillie. Il y a dans
ce fruit grand nombre de pe-
pins gros comme de petits pignons, & dans chacun il y a
une amande incomparable-
ment plus délicate au goût,
que nos amandes douces. Ces
pepins ſont de couleur de cha-
taigne, & de la figure d'un
rein, ou de la graine de muſc.
Les femmes d'Afrique qui ne
connaiſſent point la prèſure,
ſe ſervent de la chair de Macha-mona, pour faire cailler
le lait. L'arbre qui porte ce
fruit eſt gros, & haut pour le
moins, comme nos plus grands
chênes. Sa feüille eſt épaiſſe,
& plus grande que la feüille de
Maronier d'Inde. On l'apelle
Macha-mona; c'eſt-à-dire,

mangé par les oiseaux ; car les oiseaux qui ont le bec fort, en sont très-friands , & crèvent l'écorce pour manger le de dans Nous l'appellons *Calle-basse de Guinée* ; parce qu'aparemment on en a aporté de Guinée en France avant que d'avoir observé , qu'il y en a aux Isles de l'Amérique. La queuë n'est autre chose que tous les filamens du dedans du fruit, lesquels se réünissent là ; ou si l'on veut, ils partent de là , pour se separer ; afin de tapisser l'écorce intérieure du fruit, & de le partager en cô-tes. Au lieu que dans nos Ci-troüilles la graine est en abon-dance, & toute au cœur du fruit ; au contraire dans le Ma-cha-mona il y a peu de pe-pins ; & ils sont répandus dans toute sa substance, fort envelopez dans la chair, & loin l'un de l'autre.

II.

L'Aouara.

ESt un fruit qu'on trouve aux Indes d'Occident, & qui craît à une espèce de Palmier fort haut, & épineux. Cette espèce de pomme sort d'une gousse qui contient un bouquet de plusieurs de ces fruits. Quand l'Aouara est en maturité, il est d'un jaune doré. Sous l'écorce il y a une chair jaune, & qu'on mange parmi les Indiens. Cette chair cache un noyau gros comme le noyau d'une pêche, & dans la superficie duquel y a trois trous aux côtez, & deux plus petits tout proche l'un de l'autre. Ce noyau a deux lignes d'épais-

seur; il est d'une dureté de pierre, très-dificile à casser, & dans
lequel on trouve une belle a-
mande blanche, qui est d'abord
d'un goût agréable, quand on
la mâche; & puis on y trouve
sur la fin une petite pointe pi-
quante, & qui aproche fort du
goût du fromage de Saffenage.

C'est de ce fruit, dont on tire l'huile que nous apellons
ici *huile de Palme*; & en éfet
c'est un espèce de Palmier,
comme je l'ai dit, qui porte
ce fruit qu'on trouve plus
communément dans l'Afrique,
que dans l'Amerique. Et les
Vaisseaux, qui vont chercher
des Nègres en Afrique, font
ordinairement une grosse pro-
vision de ces Aouaras, pour les
nourir : & quand ces esclaves
font attaquez dans le voyage,
par quelque cours de ventre;

on casse le noyau pour avoir l'a-
mande , qui est un des meilleurs astringents , qu'ils connaissent pour arêter ce mal. J'ai
apris cette pratique dans le séjour que j'ai fait en Afrique ;
& à leur imitation je m'en suis
quelquefois servi avec succès.

III.

La Badiane.

IL y a des Auteurs qui l'a-
pellent l'*Anis des Indes* ,
par la seule raison qu'il a une
odeur, & un goût pareils à la
semence d'anis , quoi qu'il n'ait
rien en quoi il lui puisse res-
sembler pour le reste. La Badiane est une semence qui vient
des Indes. Elle est faite à peu
près comme la graine de melon , mais un peu plus grande, & plus épaisse ; la couleur

ressemble assez à celle de la
semence qui se trouve dans les
Siliques de la Casse ; excepté
que la Badiane est incomparablement plus unie, plus polie, & plus luisante. Cette semence est enfermée dans une
capsule épaisse, dure, & qui
a la forme d'une étoile à sept
rayes. Il y a un grain de Badiane dans châque rayon. Cette figure d'étoile est très-bel-
le, & très-réguliere. La Badiane est fort célèbre à la Chine, & par tout l'Orient ; parce
que les Orientaux, à l'imitation des Chinois, en mêlent
dans leur Sorbet, & dans leur
Thé. Ce mêlange n'est pas
seulement afin de les rendre
plus agréables ; mais sur tout
parce que la Badiane a une
vertu carminative, c'est-à-dire,
très-propre , & très-puissante

pour chaſſer les vents du corps, & pour fortifier le cœur, & l'eſtomac. Cet uſage commence de s'établir auſſi à Paris, chez les perſonnes à qui il eſt facile d'avoir ſuffiſamment de cette précieuſe Badiane. Gaſpard Bauhin apelle la Badiane, *fructus ſtellatus*, à cauſe que tout le fruit répréſente ſi vivement une belle étoile.

I V.

Le Let-chi.

LE Let chi eſt un des plus beaux fruits, & des plus délicieux de la Chine. Il craît particulierement dans la Province de Canton. Il eſt de la groſſeur d'une noix de Galle commune. Le dehors eſt une écorce chagrinée fort mince, & d'un rouge éclattant de pon-

ceau, quand le fruit n'est point
desséché, & qui se termine en
pointe comme une grosse noix.
Il y a dans cette écorce une
espèce de prune d'un goût très-
agréable. On doit être attentif à n'en manger pas trop,
parce que ce fruit échaufe ter-
riblement. Il y a sous la chair
molle de cette espèce de pruneau long, un petit noyau pierreux fait tout comme un clou
de gerofle. Comme les Chinois
le laissent sécher, ils en mangent toute l'année, & ils en
mêlent dans le Thé au lieu de
sucre pour lui donner un petit goût aigret, qui fait beaucoup de plaisir. Le R. P. de
Fontaney Jésuite, & Missionnaire à la Chine est le premier
qui en a aporté à Paris en l'an
1700.

V.

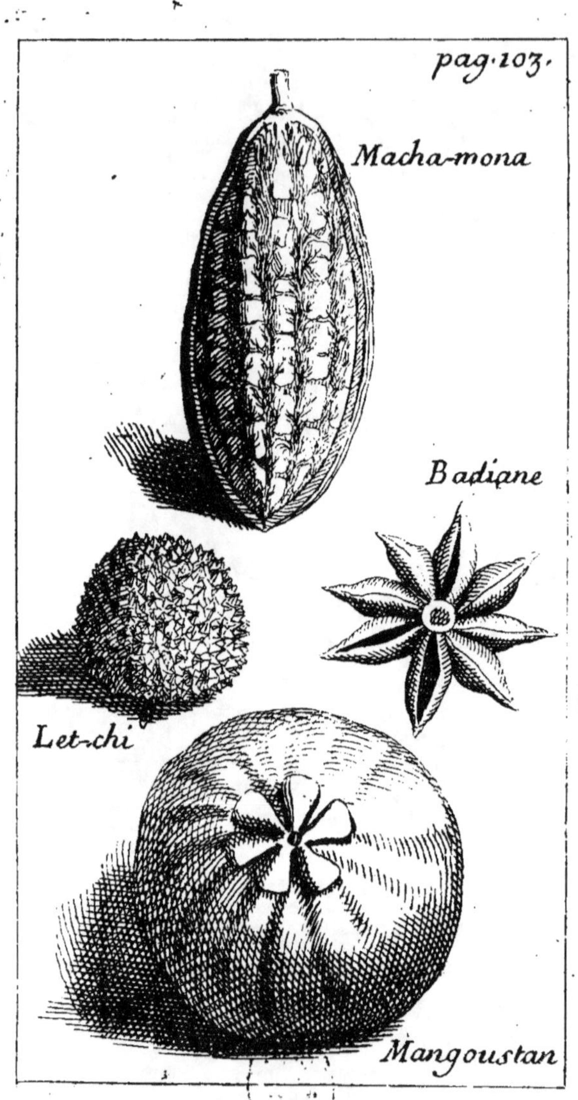
Macha-mona
Badiane
Let-chi
Mangoustan

V.

Le Mangouſtan.

C'Eſt un fruit qui crait dans
le Royaume de Siam, &
qui eſt le plus délicieux de tout
l'Orient ſans exception. Il reſſemble fort à nos groſſes noix
vertes. Il a ſous ſon écorce un
fruit blanc, d'un goût un peu
aigret, & qui ſurpaſſe d'ailleurs infiniment le goût de nos
meilleures pêches. On tient
dans les Indes que ce fruit eſt
froid, & aſtringent. On le tranſ-
porte dans tout l'Orient, où il
eſt fort eſtimé, particulierement à cauſe de la vertu qu'il a
d'arrêter toutes ſortes de cours
de ventre. De ſon écorce même
on en fait une excélente pti-
ſanne, qui a la même faculté,
qui eſt très-agréable à boire;

& dans laquelle les Indiens
metent de la cache, & du ris
torréfié. La figure de ce fruit
eft admirable, il a du côté de
la tête une petite rofe à fix
feüilles en relief, & fi régulierement deffinée, qu'on ne la
fauroit voir, fans admirer ce
petit jeu de la nature.

VI.

Le *Panache de mer*, ou la *Pal-me marine.*

IL y a des prairies, des Jardins, & des forêts mêmes
au fond de la mer. Pline le dit
formellement de la mer rouge, & de la mer d'Orient. *Mare
Rubrum, & totus Orientis O-
ceanus refertus eft fylvis. Hift.
Nat. Lib. XIII. cap.* 25. Il
remarque enfuite fort curieu-
fement que, pendant qu'il y a,

aux environs de la mer rouge, des folitudes afreufes, fans
plantes , & fans arbres, fi on
excépte une efpèce d'épine ,
qu'on ne trouve que de loin à
loin, il y a fous les eaux de
cette mer des forêts d'arbres
qui fleuriffent, & qui portent
des fruits ; comme fi la nature
avoit voulu par ces végétations
marines, nous dédomager de
ce qu'elle ne produit rien dans
les terres fèches, & fteriles de
l'Arabie pierreufe. Il y a dans
cette mer, dit Pline, particulierement des Lauriers, & des
Oliviers. Le Laurier y porte
fes baies, & l'Olivier y eft chargé d'olives : *Mirum eft in ma-
ri rubro fylvas vivere ; laurum
maximè, & Olivam ferentem
baccas.* Que de merveilles la
mer eaché fous fes eaux ! J'ai
aporté d'Orient un Panache de

la mer rouge, qui eſt tout-à-fait
curieux. Il eſt tout d'une
couleur, mais il eſt ſingulier en
ce qu'il eſt d'une couleur de ta-
né clair en ſa croûte, qui ſemble être une eſpèce de chaux
pétrifiée : & deſſous cette croûte legére, il y a un tiſſu de filamens ligneux, pliables, &
auſſi dificile à rompre que de la
baleine. Dans mon panache
de la mer rouge, ces filamens
ligneux ſont de couleur d'o-
live, mais fort liſſez, & fort
beaux à voir. Il y a encore cette ſingularité; qu'il eſt, comme
la Madrépore, percé d'une infinité de petits trous, ce que
je n'ai point remarqué dans
les Panaches qui viennent de
la Mer des Indes Occidentales. Cette belle végétation eſt
donc une eſpèce de plante marine, toute plate, & étenduë

en forme d'évantail. Il est raporté dans le Cabinet de *Calceolarius* p. 17. que les Dames de l'Amérique sont fort curieuses de ces Panaches de mer; qu'elles les estiment fort ; & qu'elles les recherchent avec beaucoup d'empressement; parce qu'elles s'en servent comme d'éventails , pour s'éventer , & pour se rafraichir dans les grandes chaleurs.

Les branches de mon Panache sont tissuës très-délicatement , en forme de point coupé , ou bien , comme dit *Clusius*, ainsi qu'un filet, ou un rets à prendre des poissons, & des oiseaux. C'est à cause de cette admirable contexture , que ce savant homme nomme cette plante : *planta retiformis.* Ce lacis si délicat est soûtenu dans le milieu des branches,

par une efpèce de carde, ou
de côte, qui fort de la raci-
cine, & qui fe termine vers le
haut de la feüille, où cette
efpèce de tige fe perd imper-
ceptiblement. Ce Panache
vient du fond de la mer rouge, aiant crû fur des rochers,
où il avoit pris racine, à la
maniere de tous les Pana-
ches. Quand un Panache a plufieurs branches, & qu'il eft de
trois couleurs, comme celui
du Cabinet de fainte Geneviève, il mérite proprement
le nom de Panache ; parce
qu'alors il reffemble aux bou-
quets de plumes, & aux vrais
Panaches, qui ornent la tête
des Acteurs d'une Tragédie.
Et c'eft fans doute cette reffemblance, qui a fait donner
à cette végétation marine, le
nom de *Panache de mer*.

Outre mon panache de couleur tancé, & qui a un pied & demi de haut, & autant de large, j'en ai un petit du plus beau rouge qui se puisse voir. Sa croûte n'est pas percée de petits trous comme l'autre : mais il a cela de singulier, qu'il est tout chagriné : ce qui n'est pas ordinaire aux panaches qui viennent des Indes d'Occident.

VII.

La Fève fébrifuge.

C'Est une espèce de fève, qui craît aux Isles Philipines, & dont les Originaires du pays se servent, comme d'un fébrifuge immanquable. La figure, & la grosseur sont presque comme celles d'une hermodacte : mais l'hermodacte eft blanche , & la fève de faint Ignace eft grizâtre , & blanchâtre par dedans. Elle eft d'une très-grande amertume. On la nomme dans une partie des Indes, *fève de faint Ignace* ; parce que ç'a été un Jéfuite Efpagnol qui le prémier y en a aporté la connaiffance. Elle y eft fort eftimée. Dans le commerce que ce Jéfuite eut avec les Habitans des Philipines , il reconnut qu'ils s'en fervoient pour fe guérir de la fièvre. C'eft un puiffant purgatif. Ce qui n'allarme point les Indiens, qui ne font point de façon de fe fervir de purgatifs violents. Et fur ce fujet M. de Tournefort dans la Preface de fon Hiftoire des Plantes des environs de Paris , fans ménager la ridicule délicateffe de ceux qui aiant

un

un grand fond de mauvaiſes humeurs, aprehendent cependant les purgatifs un peu forts, a dit très-à-propos, *comme s'il étoit poſſible de bien vuider un ſac ſans le ſecoüer; ou ſi l'on pouvoit rétablir les humeurs, ſans y exciter quelque mouvement, qui les débroüille, & qui procure la ſéparation de la matiere, qui en avoit changé la tiſſure.* On m'a aſſuré que la féve de Saint Ignace craiſſoit auſſi dans l'Iſle de Sam cham, où eſt mort Saint François Xavier, dont les Reliques ont été depuis tranſportées à Goa.

Tout ce que je puis dire ſur céte féve, c'eſt que j'en ai vû dans les Indes des éfets merveilleux, & que j'en garde fort ſoigneuſement quelques-unes que j'ai euës de quelques Eſpagnols, qui venoient des Manilles.

VIII.

Le Bois de Bambou.

CE Bois est fort célébre dans les Indes; non-seulement parce qu'il entre dans la matiere médicale des Indiens; mais encore parce qu'ils en font quantité d'ouvrages, qui sont d'une grande utilité dans leur domestique. On tire du Bambou, qui est une espéce de canne, ou roseau, un sucre, que les Indiens regardent comme un excélent reméde à plusieurs maux. Mais ce n'est pas par ces raisons là, que j'ai eu la curiosité de rechercher, & d'aporter du bois de Bambou. On sait de quelle utilité le feu est dans la vie ; & sur tout dans les pays Septentrionaux. Les Poëtes qui envelopent toûjours quelque verité sous le voile de leurs Fables, disent que Prométhée monta dans le ciel par le secours de Minerve, & qu'ayant aproché un flambeau du chariot du Soleil , il vola le feu du ciel, qu'il aporta sur la terre : Et en éfet le feu est un présent très-précieux , que l'Auteur de la nature a fait aux hommes. Vitruve dit que ç'a été par le doux plaisir qu'il y a à se chaufer, que les hommes qui vivoient auparavant de gland, séparez dans les forêts comme les bêtes , commencerent à former la société civile, à se polir par des loix , & à régler leurs intérêts par des contrats, & des conventions. Et nous regardons aujourd'hui avec étonnement ce qu'on vient de publier des Habitans des Isles Marianes, ausquels le feu étoit inconnu. *Ce qui est de plus étonnant,* dit le Pere le Gobien Jesuite, *& ce qu'on aura peine à craire, c'est que les Habitans des Isles Marianes n'avoient jamais vû de feu, cet élément si necessaire leur étoit entierement inconnu. Ils n'en savoient ni l'usage, ni les qualitez ; & jamais ils ne furent plus surpris que quand ils en virent pour la premiere fois à la décente que fit Magellan dans une de leurs Isles, où il brûla une cinquantaine de maisons, pour punir ces Insulaires de la peine qu'ils lui avoient faite. Ils regarderent le feu dans les commencemens, comme une espéce d'animal qui s'atachoit au bois, dont il se nourissoit. Les premiers qui en aprocherent de trop près, s'étant brûlez en donnerent de la crainte aux autres, & n'osérent plus le regar-*

der que de loin, de peur , difoient-
ils , d'en être mordus , & que ce
terrible animal ne les bleffât par
par fa violente refpiration. Liv.
II. pag. 44. & 45.

Vitruve dit que les premiers
hommes ne connurent le feu ,
que par hazard : quelques arbres qui étant près les uns des
autres , fe frottant violemment
par la tempête, s'enflamérent ,
& cauférent un grand incen-
die. *Lib.* II. *cap.* 1.

Ce que les premiers hommes
ne connurent que par hazard ,
les Indiens le connaiffent par
une experience journaliere , &
qui eft d'autant plus curieufe ,
qu'elle donne du feu avec une
très-grande facilité. Quand les
Indiens veulent fumer du tabac , & allumer leur gargoulis , ils tirent du feu du Bambou par le frottement. Voici

L iij

comme ils font. Ils ont deux
morceaux de Bambou fendu,
dans l'un ils font une coche, &
ils frotent avec l'autre morceau dans cete coche, & sans
que le Bambou s'enflame, ni
qu'il étincelle, quelque feüil-
lage sec, ou autre matiere in-
flammable, que l'on aplique à
la coche, prend feu aussi-tôt.
C'est cette curieuse faculté de
faire du feu facilement, qui
m'a porté à rechercher de ce
bois, & à le placer parmi les
choses, dont on doit faire cas. Il
y a une vertu medecinale dans
sa racine, & qui la rend d'un u-
sage très-frequent dans les Indes. C'est un diurétique très-
éficace ; & les femmes de mau-
vaise vie ne connaissent que
trop en ce pays-là le secours,
qu'elles en peuvent tirer, pour
cacher & pour continuer leurs
desordres.

IX.

La noix d'Areca.

C'Est le fruit d'une espéce de Palmier, qui craît
en plusiers lieux des Indes d'O-
rient. Quand ce fruit n'est pas
bien meur, il est assez agréable : mais il étourdit ceux qui
en mangent ; & ils tombent
dans une maniere d'ivresse,
dont ils ne reviennent pas si-
tôt, & durant laquelle ils sont
fort gaillards. Il devient insi-
pide à mesure qu'il meurit.

Les Indiens se servent de la
noix d'Aréca, pour composer
des trochisques, qu'ils mâchent comme quelques - uns
font ici le tabac, afin de se faire cracher, & de dégager le
cerveau. Ils la mêlent avec le
Bétel, dont la feüille est ad-

mirable, pour raréfier la pituite du cerveau, pour fortifier
l'estomac, & pour rafermir les
gencives. Ils y mêlent encore
le *Cardomomum.* Ce suc épais-
si d'Areque est ce qu'on apelle
Cache, quand il est seul. C'est
de quoi use le petit peuple. Et
quand il est mêlé avec des choses aromatiques, on le nomme
Cachou ; & il est beaucoup plus
cher. Les Indiens mâchent de
cette composition, afin de se
rendre l'haleine douce, & agréable. Ce bétel leur rend les lè-
vres fort belles ; parce que le
suc qui en sort, est rouge comme
du sang. M. l'Abbé de Choisy
dans son Journal du Voyage de
Siam, parlant d'une collation,
qui fut servie à Batavie devant
M. le Chevalier de Chaumont,
Ambassadeur du Roy à Siam,
dit, *Les Dames s'y sont trouvées :*

mais bon Dieu! quelles Dames,
qui toûjours mâchent du Bétel, &
de l'Arèque! Or vous saurez que
de ce Bétel découle une liqueur
rouge comme du sang; & Mes-
dames ont la bouche, comme si
on leur venoit d'arracher quatre
grosses dents. pag. 234.

Le Bétel est une plante des
Indes d'Orient, dont les feüilles ressemblent assez à celles du
Citronnier. Elles sont d'un goût
aromatique, & d'une odeur
qui fait beaucoup de plaisir.
Au reste les Indiens sont persuadez que l'Arèca, ou Arèque est excélent pour rétablir, & pour fortifier l'estomac.

X.

Le Bois d'Aigle.

JE ne croi point qu'on doive confondre le bois d'Ai-

gle avec le bois d'Aloès; parce-
qu'il me paraît que ce font
deux bois tout-à-fait diférens.
Le dehors de ces deux fortes de
bois eft affez femblable. Mais
ils diférent en ce que le bois
d'Aloès a un goût amer, quand
on le tient quelque tems dans
la bouche;& on ne trouve rien
de cette amertume dans le
bois d'Aigle. Ainfi il me femble
qu'il en faut faire une efpéce
diférente. Quand on brûle le
bois d'Aigle, il en exhale une
fumée legere, qui eft d'une o-
deur charmante, très-propre
à fortifier le cerveau, le cœur,
l'eftomac, & à ranimer les ef-
prits. Ce bois non-feulement
eft rare en France, mais même dans les Indes. On le trouve dans la Cochinchine : Et ce
qui fait que ce bois eft fi rare,
c'eft que les Cochinchinois font

gens peu pratiquables, & d'un très-dificile commerce. Ce qu'on en peut avoir à Siam se garde dans les Magasins du Roy. C'est sur cela que M. l'Abbé de Choisy a dit si agréablement : *Dans quelques jours nous irons dans les Magasins du Roy, choisir ce qu'il y aura de plus beau. Si M. Constance prend mes avis, & qu'il tombe sous ma main de gros vases d'or, je ne les laisserai pas échaper : cela vaut bien des paravants, & du bois d'Aigle.* pag. 366.

Dans les présens que le Roy de Siam envoyoit en France, il y avoit quelques livres de bois d'Aigle; comme nous le voyons dans la Relation de M. le Chevalier de Chaumont.

Les Indiens qui peuvent avoir de ce bois, s'en servent dans leurs maladies contagieuses , pour faire des suffimigations sur lesquelles ils comptent beaucoup. Comme ils croient de grandes vertus dans ce bois, ils se les font entrer dans le corps en parfum par le moyen de la fumée : en éfet le sel volatile de ce bois non seulement est sudorifique, mais encore il fortifie le cerveau, réjoüit le cœur, échauffe l'estomac, ranime les esprits, & resiste puissamment au venin. Cette maniere de prendre ces esprits volatiles des remedes par la fumée, & en parfum, est nonseulement très-bénigne, mais encore plus éficace qu'on ne pense. Cette voie est merveilleuse pour purifier l'air de la chambre d'un malade, & pour qu'il ne respire qu'un air salubre. Mais par dessus cela, ce qu'on ne sauroit trop estimer,

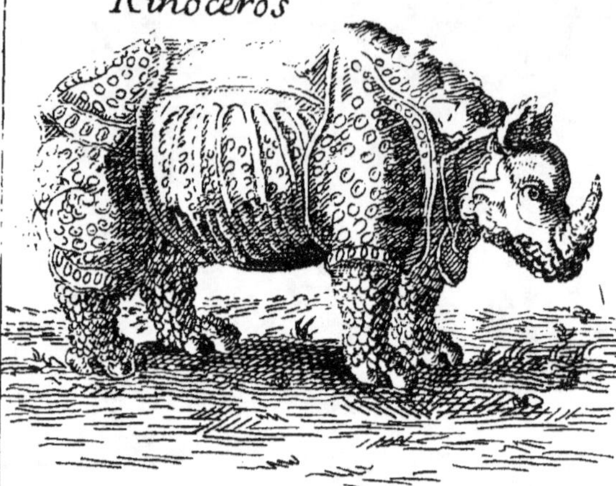

Rinoceros

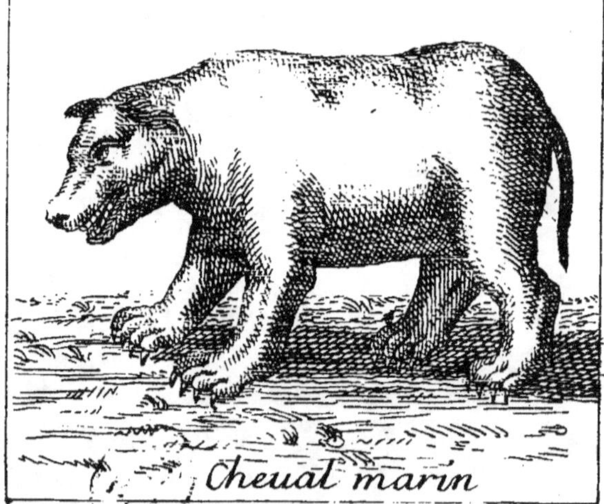

Cheual marin

on guérit par ce moyen les plus
terribles maladies, & fur tout
celle qu'on dit avoir été tranf-
mife de l'Amerique en Europe,
dont elle a infecté toutes les
Régions. Elle n'eft point inconnuë chez les Tartares Pré-
copites. Mais ce que l'on ne fait
peut-être pas affez ; c'eft que
ces peuples s'en gueriffent ra-
dicalement, & avec la plus
grande facilité du monde, par
la feule fuffimigation du Cin-
nabre ; comme on le peut voir
dans le Capivaccius, *de lue ve-
nerea.* cap. 12. Je fai qu'il y a
dans Paris de très-habiles Médecins, qui ne condamnent
pas l'ufage des fuffimigations ;
& il feroit peut-être à fouhai-
ter qu'on ne les négligeât pas
tant.

X I.

Le Bois & la Gomme de Ta-
camaca.

LE Tacamaca est un grand
arbre, qui est fort com-
mun dans la nouvelle Espagne, & qui se trouve aussi à
Madagascar, & dans l'Isle
Bourbon.

▶ Quoique dans ces pays le
bois de cet arbre soit employé
à faire des planches, des mats,
& des pieces de bois pour les
Vaisseaux, il ne laisse pas d'a-
voir des qualitez medecinales.
Dans les grands maux de tê-
tes, & dans l'abatement d'esprit, la fumée de ce bois diminuë la douleur & réjoüit. Ce
bois est fort resineux, & ressemble assez pour la couleur au
bois de Sainte Lucie.

La Gomme de Tacamaca la

plus eſtimée, eſt celle qui ſort de l'arbre ſans inciſion. On la nomme, par excellence, la *Gomme de Tacamaca ſublime.* Elle eſt rougeâtre, tranſparente, & d'une odeur réjoüiſſante. Les Indiens font grand cas de cette Gomme. Ils s'en ſervent contre pluſieurs maux, & en font des baumes excellens contre les bleſſures. L'uſage le plus ordinaire qu'on en fait à Paris; c'eſt d'en faire de petits emplâtres, qu'on aplique ſur l'artére de la temple, pour apaiſer la douleur des dents. Ce qui réüſſit très-ſouvent. Je n'en ai point vû de plus belle, que celle que M. Hebert, Directeur de la Compagnie des Indes d'Orient donna il y a quelque tems à M. l'Abbé de Vallemont. Il y en avoit bien une livre d'un beau

choix : & elle étoit envelopée
dans une grande feüille, qui
avoit plus de deux pieds de
long, & plus d'un pied de large.
Le tout étoit au même état
qu'on lui avoit aporté de l'Isle-
Bourbon. Il ne faut pas ici ou-
blier que Etmuler recommande
extrêmement la Gomme de Tacamaca pour fortifier le cœur
& l'estomac, en l'apliquant en
épitème sur la partie. On la
tient pour un Souverain re-
mede aux douleurs des jointu-
res. Elle résout toutes les tumeurs invétérées, & arréte le
cours des humeurs froides. Cette Gomme a beaucoup de vertus medecinales ; mais la question est d'avoir de la veritable.

Un

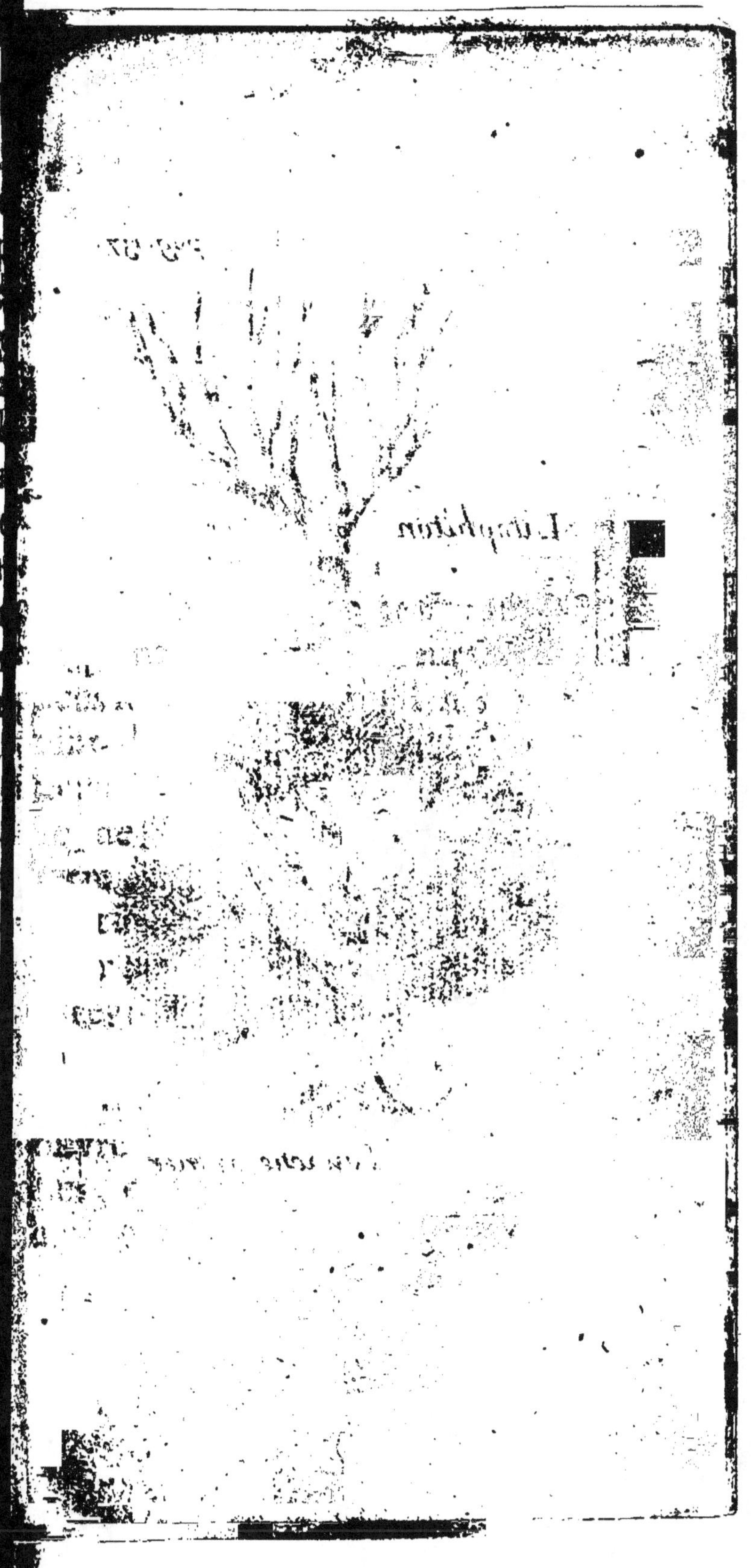

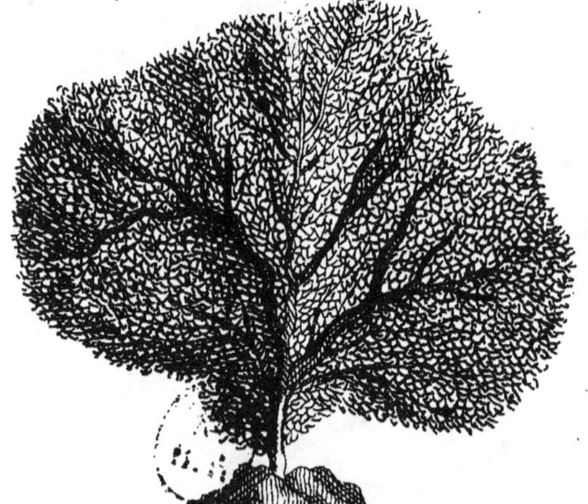

Litophiton

Panache de mer

XII.

Un Litophiton extraordinaire.

DEpuis que Monſieur Lignon le jeune, eſt revenu de la Guadeloupe, on ne ſauroit ignorer à Paris ce que c'eſt que *Litophiton*. Il en a aporté de l'Amerique une ſi grande quantité, & de pluſieurs eſpéces ſi curieuſes, qu'il n'y a point de cabinet où il ne s'en trouve. Ainſi il eſt preſque inutile de dire que cette plante pierreuſe eſt un prodige dans la nature. C'eſt une plante, & comme telle, elle appartient au regne des Vegétaux. Mais elle eſt ſi pierreuſe par la croûte blanche, & tartareuſe, qui couvre ſa tige & ſes branches, que le régne des Minéraux pourroit la revendiquer.

M

Le Litophiton, dont je veux
parler ici, devroit avoir place
parmi les Minéraux par un
double titre ; non-seulement
par l'écorce pierreuse qui le
couvre, à la maniere de tous
les autres : mais encore par une
singularité, qui le rend tout-à
fait rare, & extraordinaire.
Tous les Litophitons craissent
attachez sur des rochers dans
la mer, & depuis la racine jusqu'au bout des branches, sous
la croûte pierreuse, il y a u-
ne espéce de bois fort dur,
pliant, & aussi dificile à rompre que de la baleine. Mais
le mien est fort diférent. Il a
végété en pierre purement plus
de deux pouces de haut ; & a-
près cela, le tronc de pierre
de ce merveilleux arbrisseau se
sépare en trois branches. Et
c'est de là que s'élevent un

grand nombre de branches,
qui forment une toufe ronde
en maniere de bouquet. Ce qui
fait encore une rareté dans ce
Litophiton ; parce qu'ordinairement ces plantes marines
craiſſent étenduës en large
comme un éventail. Il a été
trouvé dans la fameuſe Fontaine boüillante de la Guadeloupe ; laquelle , quoique ſouvent
couverte par deux, ou trois
pieds d'eau de la mer , ne laiſſe pas de faire encore voir ſes
boüillons d'eau qui s'élevent
au-deſſus. Cette Fontaine vient
de la grande Montagne de la
Soufriére qui brûle continuellement ; & c'eſt ſans doute ce
qui rend ſes eaux ſi chaudes.
Autre merveille; c'eſt qu'au milieu d'une eau brûlante, il ne laiſſe pas de ſe faire une végétation
auſſi admirable que le Litophi-

ton, dont je viens de parler. Un Philosophe ne va guere loin sans trouver un écüeil, qui l'arrête : cela mortifieroit bien son orgüeil, s'il se pouvoit qu'-un homme, qui passe souvent la nature en revûë, où il ne comprend presque jamais rien, eût quelque bonne opinion de son savoir. Il en est pourtant qui sont faits de la sorte ; puis-que Saint Jérôme définit un Philosophe ; *Gloriæ animal, popularis auræ atque honorum venale mancipium.*

XIII.

Une Racine de Mabouïa.

SI les hommes n'avoient point d'autres ennemis que les animaux les plus féro-ces, & les plus furieux, il n'auroit pas été nécessaire de

forger le fer , & d'aiguiser l'a-
cier , pour en faire des armes.
L'Empire que Dieu donna à
l'homme sur tous les animaux
de la terre, qui lui étoient soûmis , tant qu'il fut lui-même
soûmis à son Seigneur, n'est pas
tellement détruit par le péché,
qu'il ne reste encore sur la face
de l'homme, des traits de cette premiere Souveraineté qu'il
avoit sur toute la nature. C'est
pourquoi il n'arrive guere que
les animaux, quand ils ne sont
pas irritez , se portent à nous
attaquer. Mais l'homme a pour
ennemi l'homme même ; & il
ne pouvoit trouver dans la nature un ennemi plus redoutable, & plus cruel. *Homo homi-*
ni lupus. Les hommes se sont armez les uns contre les autres ,
& ont cherché toutes les
voies possibles pour se détruire

mutuellement. L'Artillérie, depuis l'invention de la poudre
à canon, est une maniere
bien expeditive, pour porter
promtement chez ses enne-
mis le feu, l'horreur, & la
mort. Les hommes, qui n'ont
point connaissance de ces arts
funestes qui aiguisent le fer,
& qui composent la poudre
à canon, ne laissent pas de
se faire la guerre, & d'avoir
des instruments propres à sa-
tisfaire leur vengeance & leur
fureur. Les Sauvages de l'A-
merique font de la racine de
Mabouia, des manieres de
massuë, dont ils s'arment pour
attaquer, & pour se défendre.
Cette racine est noire, plus dure, & plus pesante que le bois
de fer. Elle est toute garnie de
nœuds gros comme des cha-
taignes. Le seul aspect de ce

bâton , long d'environ trois pieds, peint l'image de la mort dans l'imagination de l'homme le plus affuré. Quoique les Poëtes nous aient appris que la maffuë d'Hercule étoit d'airain , il eft certain qu'elle ne pouvoit avoir rien de plus affreux, que la racine de *Mabouia*. Auffi eft-ce par l'excellence que ces Sauvages imaginent dans cette racine , qu'ils la nomment racine *de Mabouia* ; c'eft-à-dire, *racine du diable* ; parce que quand ils font armez de cette maffuë , ils fe croient infiniment redoutables. L'arbre, d'où l'on tire cette racine , n'eft pas commun. On en trouve fur le haut de la montagne de la Soufriére à la Guadeloupe, d'où les Efclaves l'aportent ; & ils fe font une grande fête de rencontrer de ces racines, sur tout quand elles ont la figure de massuë.

XIV.

Le fruit & la Gomme du Cédre du Liban.

LE Cédre est un arbre cé-lèbre de tout tems. Les Poëtes du Paganisme, pour loüer les Vers & les Ecrits de quelqu'un, disent qu'ils méritent d'être écrits sur le Cédre : *Et Cedro digna locutus* ; parce que son bois est incorruptible. Les Paiens employoient le bois de Cédre à cause qu'ils ne se corrompt jamais, à faire les Statuës de leurs Dieux ; & c'est sans doute pour la même raison que Salomon fit faire le Temple de Jerusalem de ce mê-me bois, & qu'il fit alliance a-vec Hiram, Roy de Tyr, afin qu'il

envoyât des Cèdres, du mont
Liban, dont il avoit befoin.
Lib. Reg. III. *c.* 5. Le Cèdre eft
toûjours verd : Il aime les lieux
froids, & couverts de neige.
Comme cet Arbre eft fort femblable au Sapin ; fon fruit eft
auffi à peu-près de la même figure, que la pomme de pin ;
excepté qu'il eft plus uni, plus
égal en fa fuperficie, & moins en
pointe par l'extremité. La pomme de Cèdre, que j'ai, eft des
plus belles : & elle eft en quelques endroits toute couverte
de la gomme, ou réfine, qui
découle de cet arbre.

La gomme découle du
Cèdre fans incifion, dans les
grandes chaleurs ; & dans les
autres faifons on fait des inci-
fions à l'Arbre, pour en faire
diftiler ce que la chaleur n'a pû
faire fortir. Cette gomme eft

sudorifique ; & elle eſt recommandée pour la vertu qu'elle a
de digerer, de reſoudre, d'a-
molir, de conſolider, & de fortifier. Elle eſt merveilleuſement
déterſive, & propre pour reſi-
ſter à la gangrène. On l'em-
ploïe auſſi pour les fractures, &
diſlocations. Les Egyptiens s'en
ſervoient pour embaumer leurs
morts, à cauſe de la faculté
qu'on y a toûjours reconnuë
d'empêcher la corruption, &
afin de communiquer à leurs
cadavres cette eſpece d'immor-
talité, que la nature a donnée
au bois de Cèdre.

XV.

Une groſſe Roſe de Jérico.

LA Roſe de Jérico n'eſt point
une fleur, mais une plante
toute entiere d'environ demi

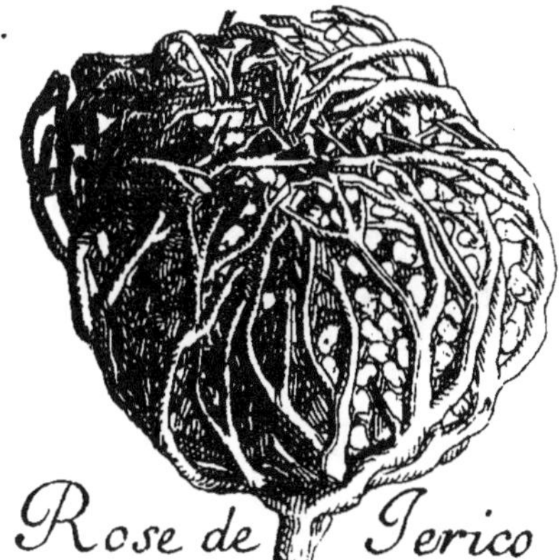

Rose de Jerico

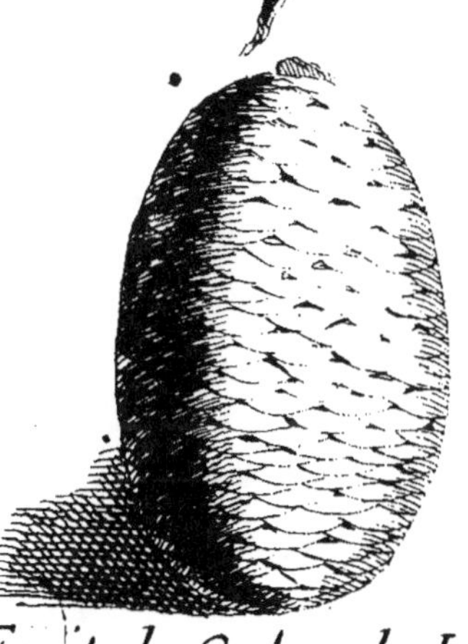

Fruit du Cedre du Liban

pied de haut , avec ſa racine.
Cette plante a des branches
dures, & lignueſes, qui en font
un petit arbriſſeau en bouquet. Quand elle ſe sèche , elle
ſe ferme , en ſorte que toutes
les extremitez des branches ,
en ſe courbant en dedans , ſe
réüniſſent à un centre commun, & compoſent une eſpèce
de petit globe. Celle que j'ai,
n'a point de feuilles ; mais
elle eſt toute pleine de petites
fleurs. *Vvormius* dit qu'elle eſt
mal nommée , *Roſe de Jérico* ;
parce qu'on n'en trouve point
du tout au tour de Jérico ; mais
dans l'Arabie Deſerte ; & après
Bellon , il s'en prend à un Moi-
ne qui lui a donné ce nom mal-
à-propos : *Roſa Hierichuntina*
nomen ſuum ab imperito quodam
Monacho ſortita eſt , teſte Bello-
nio. Vvorm. Muſeum pag. 151.

N ij

On dit des merveilles de la Rofe de Jérico, & ce feroit une belle chofe fi la fable n'avoit point de part à ces récits. Il y en a qui affurent que cette Rofe s'ouvre la nuit de Noël, quoi qu'elle foit entierement fèche auparavant. Je ne voudrois pas nier ce fait abfolument ; mais il a befoin de quelque modification. J'ai remarqué que ma Rofe de Jérico eft un excelent *Hygrométre*, pour connaître la fecherefle, ou l'humidité de l'air. Dans le tems que j'écris ceci, cette Rofe eft extrèmement recoquillée, & fermée, & plus qu'elle ne l'a été depuis long-tems ; parceque l'air eft très fec, & la gelée très âpre. Mais quand l'air eft mêlé de beaucoup d'humidité, & qu'il doit pleuvoir, cette Rofe eft prefque toute developée, & ouverte. Ainſi il peut arriver, comme il arrive quelque fois, que la nuit de Noël ſoit pluvieuſe ; & alors ce ne ſeroit pas un miracle, ſi la Roſe de Jérico s'épanoüiſſoit. Ce qu'il y a de vrai, c'eſt qu'elle s'ouvre en tout tems dans l'eau; & plus promtement, ſi on la met dans de l'eau chaude.

En Italie, & même en France, les femmes groſſes ont beaucoup de confiance en cette Roſe, lorſqu'elles ſentent les prémieres douleurs de l'accouchement. Car enfin elles ſont perſuadées que, ſi dans ce tems-là, on la met dans de l'eau, elle n'eſt pas ſi-tôt ouverte, que l'enfant vient au monde. Si cet arbriſſeau avoit véritablement cette vertu, je lui donnerois le prémier rang entre toutes les plantes, que la terre porte. Je garde la Rose que j'ai avec soin ; parce que je la regarde, & con-sulte souvent, comme un des plus vifs, & des plus sensibles Hygromètres, qu'on ait jamais inventez : & pour cela elle me-rite la préférence sur les bar-bes de l'avoine sauvage, & sur la gousse de Vesse sauvage, qui se meuvent suivant la secheres-se, ou l'humidité de l'air ; & dont on a fait jusqu'à present des Hygroscopes, inventez par Messieurs de la Societé Royale d'Angleterre : comme nous le voyons dans l'Histoire de cette illustre Académie.

I.

Le Cancre marin pétrifié.

LEs prétrifications font avec raifon l'objet de la curio-fité des Savants. Ce font autant de miracles de la nature, qui fourniffent de grands fujets de philofopher aux Phyficiens. En éfet, on ne fauroit trop admi-rer, comment la matiere lapi-difique peut être affez fubtile, pour s'infinuer dans les pores de la fubftance d'un os, ou du bois; & pour les métamorphofer en pierre fans en changer la fi-gure primitive, ni détruire leur premiere nature. Il faut que la liqueur pétrifiante foit d'une merveilleufe activité. On voit avec plaifir dans le morceau de Cancre marin petrifié, dont je parle, tous les veftiges de ce qu'il étoit primitivement ; la

N iiij

nature , en le pétrifiant , y a
conservé jusqu'à la couleur qu'il
avoit. Cette curieuse pétrifica-
tion est très - estimable , tant
pour le jeu de la nature qu'on
y voit, que pour ses vertus medecinales , qui la rendent précieuse. On a trouvé cette pé-
trification dans l'Isle de Haï-
nam à la Chine, d'où l'on aporte avec soin tout ce que l'on y
en peut rencontrer.

Voici les vertus qu'on atribuë
au Cancre marin , si l'on s'en
sert comme nous allons dire.

1. Broyé avec de l'eau, il diminuë très-sensiblement la fievre, si l'on en prend au commencement, ou à la fin de l'accès.

2. Il arrête la dissenterie , &
les autres cours de ventre, étant
pris broyé avec du vin , si le
cours de ventre vient de froi-
deur, & foiblesse d'estomac ; ou

bien avec de l'eau, fi le mal eft caufé par une chaleur exceffive.

3. Il mollifie, & ouvre les cloux, froncles, abfcès, & tumeurs, qui doivent aboutir ; ou bien il les diffipe par une infenfible tranfpiration, fi étant broyé avec du vinaigre, on en frotte fouvent le mal.

4. Etant broyé avec du vinaigre, il apaife les douleurs de la goutte, fi on en frotte la partie malade.

5. Etant broyé avec de l'eau rofe, il guérit l'inflammation, & rougeur des yeux, en y faifant couler quelques gouttes de cette liqueur.

6. Etant broyé avec de bonne eau-de-vie, & bû un peu chaud, il apaife les coliques les plus violentes.

7. Etant broyé avec du fuc de Limon, il apaife la douleur de la pierre, fait couler le fa-

ble des reins , & est excellent :
contre l'asthme.

II.
Un Caïman , ou Crocodile des Indes d'Orient.

LEs Crocodiles se tiennent ordinairement dans le Nil en Egypte, dont ils sont même le simbole. En éfet , après que César Auguste eut subjugué l'E-gypte, on mit dans les Médail-les frapées à son honneur , un Crocodile avec ces mots, ÆGYPTO-CAPTA. Nous voyons encore sur les Médail-les, qui furent faites à Nîmes, ce même Crocodile attaché à un Palmier avec une Couron-ne , pour féliciter cet Empe-reur sur sa conquête de l'Egyp-te. Cependant il y a aussi des Crocodiles dans l'Isle de Cuba, au Méxique , dans le Bresil , & en differents endroits de l'A-

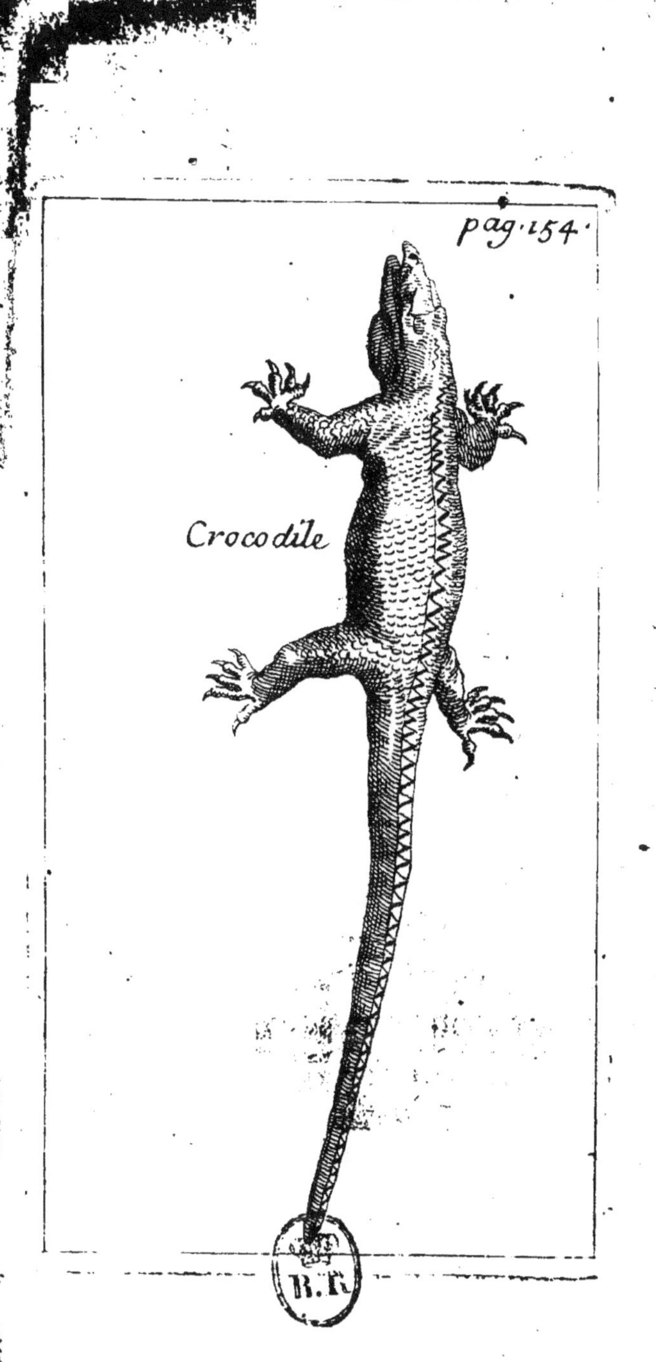

pag. 154.
Crocodile
R.R.

mérique Septentrionale , &
Méridionale. On apelle ces
Crocodiles *Iguanes.* Il y en a
encore dans les Indes d'Orient,
dans le Gange , où on les nomme *Caïmans.* Celui qui j'ai , eſt
donc un Caïman ; parce qu'il
a été pris aux Indes. Il eſt long
d'environ trois pieds ; & la
queuë ſeule eſt auſſi longue ,
que tout le reſte du corps. Il
a 38. dents à la machoire ſupe-
rieure, & 30. dans la machoire
inférieure : ce qui fait 68. dents,
très-fortes , très-blanches, &
très-aigues. Il a les pieds armés
d'ongles fort pointues. Sa peau
eſt dure, elle eſt couverte d'é-
cailles , & garnie de pointes
aſſez piquantes. Il eſt noirâtre
ſur le dos , & le ventre tire ſur
un gris marbré. On dit que cet
animal eſt peſant, & pareſſeux
ſur terre , quand il faut qu'il ſe

tourne. Si sa figure, qui est tout-à-fait semblable à nos Lézards, chôque la vûë; du moins l'odorat y trouve son compte; car cette bête exhale une odeur, qui est assez agréable. Dans les quatre mois de l'année, qui sont froids, le Crocodile ne mange point, & demeure caché dans des trous. Après tout, il est très-pernicieux; il déchire avec ses ongles, brise avec ses dents; & il n'y a point d'os si dur, qu'il ne pulvérise en un moment.

Il faut pourtant observer que les Caïmans des Indes ne sont pas si méchants, que les Crocodiles de l'Egypte. S'ils vivent 60. ans, comme on le dit, il ne faut pas s'étonner si on en voit de si grands. Celui du Cabinet de sainte Geneviève est des plus longs que

j'aye vûs. Le mien eſt un jeune Caïman.

Les Américains mangent
ſans façon des Crocodiles, &
même leurs œufs, qui ſont gros
comme des œufs d'oïe, & d'aſſez mauvais goût.

Vvormius dit que la chair
de Crocodile eſt excélente ,
pour ceux qui ont été piquez
par des araignées , ou par des
guêpes. Ce qu'il ajoûte de la
vertu des dents du côté droit
pour les hommes , & du côté
gauche pour les femmes , pourvû qu'elles aient été arachées
à l'animal vivant , eſt un conte
fait à plaiſir. C'eſt avoir bien envie de devenir amoureux , que
de ſe haſarder à arracher les
dents à un Crocodile. Cette
expèdition ſeroit auſſi hardie ,
que celle des Argonautes , quoique la conquête ne fût pas éga-

le. Ce qu'il y a de férieux ici, c'eſt que la graiſſe de Crocodile eſt admirable pour les vieilles plaies, & contre les morſures des bêtes venimeuſes. Les Egyptiens en frotent leurs fébricitans, pour empêcher le friſſon de la fievre. La peau brûlée, & apliquée ſur un bras, ou une jambe, en ôte toute la ſenſibilité, rend la chair ſtupide, en ſorte qu'on ne ſent point le fer, s'il faut faire une amputation.

Quant à la pierre, qu'on trouve dans l'eſtomac, ou dans la tête des Crocodiles, & qu'on vante comme des amulettes infaillibles contre la fievre quarte, M. Rédi toûjours ſur le même ton répond; je n'en crairai jamais rien; l'expérience me le défend. J'en ai fait l'eſſai, non ſeulement avec des

pierres des Caïmans d'Etiopie ;
mais même avec celles des
Crocodiles d'Egipte. *Nolim ei
fidem habere, id vetante experientiâ, quam non de Ætiopum
modo Caïmanis, sed Ægyptio-
rum etiam Crocodilis habeo. Experiment. Nat. pag.* 113. C'eſt
ainſi qu'il parle de quelques
expériences, que Monard avoit
faites avec ces pierres , & qui
lui avoient parfaitement bien
réüſſi. Ces pierres, dit Monard,
ſont fort eſtimées par les Eſpagnols, à cauſe de la vertu
qu'elles ont de guérir la fievre
quarte , en apliquant deux de
ces pierres aux temples du malade. Ils ont de grandes expériences là-deſſus. Car enfin celui , qui m'a donné les deux
pierres que j'ai, en avoit guéri
un Religieux fort tourmenté
de la fievre quarte , en les lui

apliquant à chaque temple 3.
ou 4. fois. Laiſſons M. Rédi,
& Monard s'acorder ; & diſons
quelque choſe de la deſtinée
du Crocodile. Pline dit que cet
animal dort toûjours la gueule
ouverte ; & que dans ce tems-
là il y a un petit oiſeau fort
friand, qui entre dans la gueule
de la bête, & qui ſe régale de
ce qu'il ramaſſe, en curant les
dents du Crocodile. Ce n'eſt
pas tout. Lorſque le Crocodile
dort, il y a un animal nommé
Ichneumon, qui a plus d'un pié
de hauteur, & dont l'adreſſe
eſt merveilleuſe. Cet Ichneumon ſe barbouille bien fort
dans la bouë ; & s'en couvre
tant qu'il peut ; enſuite il va ſe
ſécher au ſoleil : quand il eſt
bien ſec, & que la bouë eſt en-
durcie ; le voila comme un cui-
raſſier armé de pié en cape. En
cet

cet état il va se promener sur
les bords du Nil, & s'il trouve
un Crocodile endormi, il ne
manque point de lui entrer
dans la gueule, & de-là dans
l'estomac, où il fait ravage. Il
ronge les entrailles de son hô-
te ; & quand l'Ichneumon présume que le Crocodile est mort,
il lui perce le ventre , & sort
victorieux du corps de son ennemi, & rassasié de son sang.
Pline Hist. Nat. lib VIII. cap.
25. On dira sans doute que
voila une de ces Histoires, que
Pline a prise dans de mauvais
mémoires : mais j'oposerai l'autorité du célèbre *Antonius Au-*
gustinus , Archevêque de Tara-
gone, qui dans ses savants Dia-
logues *de Veterum Nomismatum*
Antiquitate , nous dit que ce
combat d'animaux est répré-
senté sur des statuës antiques,

O

qu'on voit dans les Jardins du Vatican ; où l'on trouve aussi beaucoup de singularitez touchant l'Histoire naturelle d'Egypte. *Nilus. Dialog. III. pag.* 49.

III.

La Pierre de Lamantin.

ON vante fort la pierre de Lamantin, qui est un grand poisson de 15. ou 16. pieds, que l'on prend en Amérique, & dont on vend beaucoup à la Guadeloupe , à S. Christophe , & à la Martinique. Le P. du Tertre Jacobin, & Missionnaire dans les Antilles , fait une fort agréable description de la maniere, dont on prend ce poisson. *On trouve,* dit-il *, dans la tête de cet animal quatre pierres , deux grosses , & deux* *petites ; aufquelles on atribuë la force de faire diffoudre la pierre dans la veffie ; & de faire jetter la gravelle des reins : mais je n'en faurois aprouver l'ufage, dautant que ce remède eft fort vomitif, & fait de grandes violences à l'eftomac. p. 200.*

Ce qu'il y a de vrai, c'eft qu'on ne fe fert pas préfentement de cette pierre offeufe. On la trouve abandonnée chez les anciens Apoticaires : car ceux qui s'établiffent maintenant, ne fe mettent pas en peine d'avoir dans leurs boutiques une pierre qui n'eft de nul ufage. Il y a cependant des curieux, qui recherchent encore aujourd'hui ces pierres de Lamantin. Ils difent que les 2. groffes font des pierres mâles ; & les 2. petites des pierres femelles. J'en conferve quelques-unes en memoire

de mon voyage en Amerique,&
parce qu'elles ont été autrefois
eſtimées ; ce qui doit avoir été
fondé ſur quelque raiſon. Mais
les remédes nouveaux font ou-
blier les anciens , quoique très-
bons. Pour dire ce que je ſai
de moi-même, j'ai vû les Sauvages avoir une très-grande
confiance en la pierre de La-
mentin , qu'ils eſtiment un
excellent amulète contre la
fievre. Ils portent cette pierre
penduë au col , comme un
préſervatif contre toutes ſortes
de fievres ; & quand ils ont ac-
tuellement la fievre , ils ſe l'attachent au poignet ſur l'artere.

IV.

Le Cheval marin.

L'Animal qu'on apelle *Hippopotame* , c'eſt - à - dire ,

cheval marin, se pourroit mieux nommer ours, auquel il ressemble mieux qu'à un cheval ; excepté qu'il hannit : & c'est sans doute ce hannissement qui lui a fait donner le nom de cheval marin. On le trouve ordinairement en Egypte dans le Nil, d'où il sort quelquefois pour courir la campagne. Il y a dans le Cabinet du Duc d'Arscot une belle Médaille de l'Empereur Hadrien, où le Nil est au revers sous la figure d'un vieillard qui tient à sa main droite un roseau, & de la gauche une corne d'abondance ; il y a proche de ce vieillard un Crocodile, qui est un animal fort commun sur les bords du Nil ; & il a à ses pieds un *Hippopotame*. Cette Médaille fut frapée à l'occasion du voyage que cet Empereur fit en Egypte, & de sa navigation sur le Nil, trainant après lui son miserable Antinoüs, qu'il perdit alors, & qu'il pleura avec autant de foiblesse qu'auroit fait une femme, dit Spartien. *Antinoum suum, dum per Nilum navigat, perdidit quem muliebriter flevit.* Le cheval marin a six dents, qui lui servent de défenses, & ausquelles on attribuë de grandes qualitez. Une seule sufiroit, pour me rendre très-précieuse la dent, que j'ai. Je me contenterois de la seule vertu de guerir les hemoroïdes, s'il étoit bien certain qu'elle eût cette faculté. Elle a un pié quatre pouces de long, & elle est si dure qu'on pourroit s'en servir comme de pierre à fusil, pour faire du feu, en la frapant avec l'acier. Voici une experience faite à Goa d'une dent de cheval marin, & qui me flateroit bien, si elle étoit veritable. J'ai vû dans l'Hopital de Goa une de ces grandes dents de cheval marin, avec laquelle on fait là des prodiges. Quand on saigne un malade, chose admirable! si on touche de cette dent à l'ouverture de la veine, le sang qui venoit rapidement, s'arrête sur le champ. Chacun sait l'histoire de ce Prince Malabare, que les Portugais ont assasiné. Quoi qu'il fût tout percé de coups, il ne sortit jamais de ses plaies une seule goutte de sang. On lui ôta ses habits, & un os d'hippopotame qu'il avoit pendu au col; & alors il se fit un débordement de sang, comme il s'en fait d'eaux arrêtées, quand une digue est rompuë : ce qui étonna merveilleusement tous

ceux qui étoient presents.
M. Rédi qui raporte cette histoire d'après le Pere Michel
Boim, dit qu'il n'en croit rien ;
que cela est bon à conter à des
vieilles femmes crédules, à des
Indiens qui sont simples ; mais
non pas aux Européens, qui
veulent voir avant que de craire. On a donné , dit-il , au
Grand - Duc mon Maître,
quantité d'os, & de dents dif-
ferentes, dont j'ai voulu faire
des épreuves : je n'ai rien trouvé, qui aproche de cette vertu d'arrêter le sang ; & qu'on
leur attribuë dans tant d'Auteurs. J'en dis autant des os ,
& des dents du cheval marin ;
& j'en parle comme savant ;
puisque j'en ai fait l'expérience : *idemque experientiâ edoctus*
affirmo de dentibus & ossibus,
Hippopotami, vel equi marini.
Experient.

Experient. natur. *pag.* 96. Si cela eſt ; que deviendront tant de dents d'hippopotame, qu'on garde dans les Cabinets des Curieux ? On en fera des dents, pour remplacer celles qui manquent à beaucoup de perſonnes. Mais que penſer de tous ces récits merveilleux que certaines gens font de leurs dents de cheval marin ? On penſera qu'ils mentent comme des arracheurs de dents : car enfin il faut bien quelquefois prendre le parti des expérien-ces, & des ſentimens de M. Rédi. Nous devons bien cette reconnaiſſance à un Savant, qui a tant travaillé à cultiver la ſience naturelle.

V.

Nids d'Alcyons d'Orient.

CEs Nids, qu'on aporte depuis quelque tems, avec tant de soin des Indes d'O-rient, sont à peu près de la figure de ces coquilles, qui sem-blent être de nacre de perles, & qu'on apelle Gotfiches. Ils sont tout d'une pièce, & faits d'une matiere, qui ressemble tout-à-fait à de la colle de poisson. Tant que nous n'en saurons pas davantage là-des-sus, il sera bien difficile de dé-cider où ces petits Oiseaux prennent la matiere, dont ils font leurs nids. Ordinairement ces nids sont presque au niveau de la mer, & contre les ro-chers ; comme sont les nids d'hirondelles contre les mu-

railles des Eglifes. Auffi les
Alcyons font-ils faits comme
des petites Hirondelles. On
trouve ces Nids à la Cochinchine le long de la mer, où
ceux du pays les cherchent ,
pour les porter à la Chine, où
l'on les vend fort cher. Les
Chinois font fort friands de
ces Nids ; & ils en mangent par
délices. Nous voyons bien dans
Galien , que les nids d'Oifeau
ont été autrefois mis au rang
des chofes médicales ; mais il
ne nous refte aucun monu-
ment , qui nous aprenne , où
l'on prenoit ces nids. Nous ne
remarquons point non plus ,
qu'on les ait jamais rangez parmi les bons morceaux des tables délicates. Cela étoit refer-
vé pour l'extrême fenfualité
de ces tems-ci ; où l'on recherche avec avidité ce qui eft

nouveau, ce qui vient de loin, & ce qui peut flater le goût. Ce n'est pas seulement en France, qu'on étale sur les tables une abondance si sensuelle, que les Epicuriens y auroient trouvé à redire; c'est encore dans l'Orient, où l'on sacrifie tout pour les plaisirs du goût. Les Nids d'Alcyons dans la Chine, font aujourd'hui l'honneur des festins; & un repas passe pour vulgaire, si l'on n'y sert pas de ce nouveau genre de ragoût. Ce mets est, dit-on, très-délicieux; & il est raporté dans l'Histoire de la Societé Royale d'Angleterre, pag. 206. que *les Nids d'Oiseaux font un grand restaurant à la nature; & que les Chinois luxurieux s'en servent fort.* C'est le chef d'œuvre d'un cuisinier à la Chine, de bien préparer ces Nids d'Alcyons.

On les met cuire dans du jus
de veau , ou de bœuf, jufqu'à
ce qu'ils foient bien amollis ;
& puis on les aprête avec du
beurre , du fromage, des herbes,& des racines aromatiques.
Wormius dit que ceux , qui fe
veulent diftinguer dans les dé-
bauches , ufent de ce ragoût :
Comedunt in primis ii qui in ca-
ftris venereis ftrenuè fe exercere
ftudent. Mufeum Wormiam. *lib.*
III. cap. 21. Mais M. Rédi ,
dit que certaines gens, qui mé-
toient leur efpérance dans les
forces qu'ils attendoient de ce
prétendu reftaurant, y ont été
trompez : & qui ne voudra pas
m'en craire,dit-il, qu'il en faffe
l'expérience ,comme quelques-
uns ont fait , & qui en ont été la
dupe. *Nimis profectò fibi blan-*
diuntur, qui in hoc tali medica-
mento fpes fuas ponunt ; quod fi

P iij

mihi non credunt, periculum ejus rei faciant, ut jam antea in simili occasione fecerunt nonnulli. Experiment. Natur. pag. 168.

On voit bien par-là qu'on ne convient pas encore de la vertu, que peuvent avoir ces petits nids. M. Lémery, dans son excélent Dictionnaire des Drogues, dit qu'ils sont propres, pour restaurer les convalescents, & pour fortifier l'estomac. J'ajoute que les Indiens s'en servent avec succès pour la dissenterie, & les autres cours de ventre.

Les Alcyons font leurs Nids aparemment dans une saison, où la mer n'est pas ordinairement agitée : autrement leurs Nids seroient submergez. C'est pourquoi les Poëtes on dit, que les Néréïdes cherissoient particulierement les Alcyons Oi-

pag. 175.
Nid du Tati, ou Oiseau-mouche

seaux marins, qui ont l'adresse
de faire leurs nids sur les flots
de la mer, même au plus fort
de l'hyver ; & que quand ils
ont leurs petits, la mer se cal-
me, jusqu'à ce qu'ils soient en
état de voller.

VI.

Nids du Tati, ou Oiseau Mouche.

EN fait de Nids, on ne verra jamais rien de plus curieux, & de plus digne d'attention, qu'est la structure des
Nids du Tati, qui est un petit
Oiseau gros comme une noisette. J'ai aporté deux de ces Nids
à Paris, qui auroient été d'une
parfaite conservation, s'ils n'a-
voient pas passé par les mains
des Douanniers, qui croyoient
trouver la pie au nid. Ils m'ont

été tous deux donnez par le
R. P. Papin Jésuite à Ougli,
qui en envoyoit un au R. P.
Verjus, Procureur général de
la Mission des P. P. Jésuites en
Orient ; & qui en a fait présent
à M. l'Abbé de Vallemont : &
l'autre m'est demeuré. Ces Nids
font faits, comme les Nids de
nos Roitelets ; où il n'y a qu'un
petit trou vers le haut, pour
l'entrée, & la fortie de ce petit Oifeau. Mais ce qui eft furprenant, c'eft que ces Nids
font coufus contre une, ou
deux, ou bien trois feuilles de
Goiavier, qui font grandes
comme font les feuilles de nos
Chataigniers d'Europe. Il y en
a un qui eft très-agréable à
voir. Il eft contre une feule
feuille, que cet Oifeau a percée
avec fon bec : & il a paffé par
ces trous, qui font comme au-

tant de trous d'aiguille, une espèce de fil de coton, avec lequel il a attaché son Nid à cette feuille. Celui qui m'est resté, est cousu de la même maniere entre trois feuilles, dans lesquelles il étoit parfaitement bien caché. Enfin ces nids admirables sont suspendus en l'air, & ne tiennent pour l'ordinaire qu'à une feuille. Dans le tems que les Tatis font leurs Nids, il ne soufle dans ce pays-là, que de doux zephirs : car enfin s'il s'élevoit de gros vents, que deviendroient ces petits Nids, qui ne tiennent qu'à une feuille d'Arbre ? J'ai aporté aussi des œufs de ces petits Oiseaux. Ces œufs sont gros comme des œufs de formi. Je voudrois qu'on leur eût trouvé quelque vertu médecinale, afin de joindre l'utile à l'agréable.

VII.

Un Serpent de la Guadeloupe.

CE Serpent eſt d'une grandeur extraordinaire. Il
eſt long de plus de 15. pieds,
& gros à proportion. Cet hor-
rible reptile dormoit ſous des
feüilles, dont il étoit couvert
dans une épaiſſe forêt ; lors
que ſept, ou huit Eſclaves cher-
chant l'ombre, & la fraicheur
pour manger, & pour ſe repo-
ſer, s'allerent coucher ſur les
feüilles, ſous leſquelles cet é-
pouventable animal s'étoit endormi. Un de ces Eſclaves en
remuant ces feüilles, décou-
vrit le dos de ce ſerpent. Il
ne fut pas ſi ſaiſi de frayeur,
qu'il ne lui reſtât de la force
pour ſe lever promtement, &
des paroles pour avertir ſes ca-

marades du danger où ils é-
roient. Comme ce Serpent ne
fit aucun mouvement, ils se
remirent peu à peu de leur
peur ; & prirent le dessein de
l'assommer. Ce qu'ils firent a-
vec les instrumens de fer, dont
ils coupoient des arbres dans
la forêt. On ouvrit cet épou-
vantable Serpent : on lui trouva dans le corps une espèce
de petit Chévreuil, qu'il avoit
avalé entier tout recemment.
Comme il étoit rempli de cette proie, il dormoit fortement;
& auroit aparemment encore
dormi, autant qu'auroit duré
la digestion. C'est pourquoi il
ne sentit point le poids de ces
Esclaves couchez sur lui. Si nous
n'avions point une horreur naturelle du Serpent, il est certain qu'on auroit pris plaisir à
voir celui-ci. Sa peau que j'ai

aportée à Paris, est très-bel-
le. Elle est marbrée de différentes couleurs, comme est la
peau de tous les Serpents que
nous voyons ici ; mais ce qu'on
ne voit point dans nos Serpents, ce sont ces couleurs vives de rouge, de blanc, & de
noir par compartimens avec
une simmétrie admirable. Cette simmétrie est si exactement
recherchée, & exécutée, qu'il
survient dans l'esprit mille pensées diférentes, quand on examine de près, & sérieusement
ce merveilleux arrangement
de figures bizarres sur la peau
de cet animal, que la nature
a paré si superbement. Il faut
qu'il y ait un Maître dans la
nature, & un Maître d'une in-
telligence suprême, qui arran-
ge ainsi la matiere. Une matiere brute, & sans intelligen-

ce ne fauroit fe donner le mouvement, & un mouvement fi
fenfé, & fi entendu, qu'on le
voit dans la fimmétrie fi bien
obfervée fur le dos de ce reptile. Le hazard , & toutes les
loix de quelque mécanifme qu'-
on puiffe imaginer, fans un efprit intelligent, ne fauroit rien
faire de fi régulierement beau.
J'âvouë que je fuis épris des
merveilles qui s'ofrent aux
yeux en confiderant cette peau,
que j'eftime fingulierement. Enfin cet animal eft maudit de
Dieu ; & fa morfure eft mor-
telle. On la guerit en apliquant deffus la plaie, la tête
écrafée du Serpent même. On
trouve dans fa mort la guérifon du mal qu'il a fait de fon
vivant. Il femble que le Saint-
Efprit faffe allufion à cette faculté du Serpent, dont la tê-

te brisée guérit la morsure ; lors que dans la Genese chap. 3. ℣. 15. Dieu dit au Serpent qui avoit trompé Eve ; *Je métrai une inimitié entre toi, & la femme ; entre sa race, & la tienne. Elle te brisera la tête.*

Il est certain que la chair, le foie, & le cœur du Serpent sont sudorifiques, & propres pour purifier le sang, pour resister à la malignité des humeurs, & pour chasser les fiévrés intermittentes. On les réduit en poudre qui est encore excèlente pour exciter l'urine.

La graisse est résolutive, & un bon remède pour diminuer les douleurs de la goute. Quelques-uns s'en frottent le bord des yeux, pour conserver, & fortifier la vûë.

VIII.

Le Rinocéros.

LE Rinocéros que quelques-uns nomment le bœuf d'E-gipte, ou le taureau d'Etiopie, eſt grand à peu-près comme un Eléfant ; & reſſemble à un Sanglier, plus qu'à tout autre animal. Il a une corne ſur le bout du nez, d'où il prend ſon nom de Rinocéros ; cette corne eſt longue comme la main. Pline dit que cet animal aiguiſe ſa corne contre les rochers, quand il veut combatre contre quelque éléfant. Il eſt ſurprenant qu'après que Pline a dit, que le Rinoceros n'a qu'une corne ; lui à qui cet animal ne devoit point être inconnu, puiſqu'aux jeux que l'on donnoit au Peuple Romain, on faisoit souvent paraître des Rinocéros dans les ampitheatres, il se trouve des gens qui veulent qu'il en ait deux. Sa peau est très-épaisse, très-dure, & chargée d'une espèce d'écailles, qui la rendent impénétrable même aux Sabres du Japon, dit Bontius. Il y en a un assez grand morceau au Cabinet de sainte Geneviève, où l'on garde encore deux cornes, & une queuë de ce monstrueux animal.

On se sert en Médecine de son sang, pour fortifier le cœur, pour toutes les maladies contagieuses ; parce qu'il excite fortement la sueur. Il fait cesser le cours de ventre, purifie le sang, & arrête les pertes de sang immanquablement.

De sa corne on en fait des tasses pour boire, afin de se préserver

ferver du mauvais air en tems
de contagion.

A l'égard de la dent, on dit
que fi dans les plus fortes douleurs des dents, on aplique la
dent du Rinocéros à la dent
qui fait foufrir, le mal ceffe
auffi-tôt. Wormius qui raporte cela, ajoûte qu'il n'en a
point fait l'expérience. Pour
moi j'ai deffein d'en faire l'é-
preuve à la premiere occafion
qui fe préfentera. Ce que je
fai ; c'eft que quoique les Rinocéros ne foient pas rares
dans l'Orient, on ne laiffe pas
d'y eftimer prodigieufement
les cornes de cet animal. Il y
en avoit fix dans le préfent,
que le Roy de Siam envoya
en France en 1686. Il ne faut
pas ici diffimuler que M. Rédi ne fait aucune eftime de
ces diférentes parties du Ri-

Q

nocéros. Voici comme il en parle : Que ne dit-on point de la vertu de la corne du Rinocéros ? on assure qu'elle est capable de défendre le cœur, & la vie de l'homme contre l'action de quelque poison que ce soit. Cependant, moi qui ne parle qu'après les les expériences que j'ai faites, je n'ai pas trouvé la moindre aparence de cette vertu ; & spécialement à l'égard du venin des Viperes, & des Scorpions de Tunis : *Attamen ego hactenus ne minimum quidem ejusdem effectum vidi...* Experiment. nat. pag. 141. M. Rédi ne trouve pas plus de vertu dans le sang, & dans les dents du Rinocéros. Il n'est pas hûreux dans ses expériences. Peut-être n'a-t-il pas eu ces choses-là de bonne main ; ou

bien il les a euës trop surannées.
Les vertus des drogues se dis-
sipent avec les sels volatils,
qui s'en séparent incessamment par l'évaporation.

Quand on entre dans la boutique d'un Droguiste au Prin-
tems, on s'aperçoit bien-tôt de
l'étrange dissipation, que fait
la chaleur naissante de la saison dans toutes ces drogues,
qui exhalent une odeur, dont
on est incontinent entêté, si on
est sujet aux vapeurs. Quelles
pertes ? Quels écoulemens de
vertu ? Et que peut-on atten-
dre de bon de drogues, sur
lesquelles cinq, ou six Etez de
suite ont fait de si violents ra-
vages ? Franchement il y a à
trembler pour des malades,
qui prennent des drogues, où
il ne reste plus peut-être que
les mauvaises qualitez. Les ma-

Q ij

tieres médicales, dit M. Boyle, changent incessamment avant même que d'être vieilles; & je pourois montrer aux Curieux combien les feüilles d'une même plante changent de vertu en un instant. Dans un certain tems de l'année j'en tire par la distillation un esprit acide , & dans une autre saison il n'en vient point du tout ; mais au contraire un esprit urineux , &c. *Simpl. med. utilitas & usus, pag.* 49.

Cependant il est parlé avantageusement de la corne , & des autres parties du Rinocéros dans les Réponses du Chevalier Philibert Vernati, Résident à Batavie dans l'Isle de Java, aux demandes que lui avoient faites Messieurs de la Societé Royale d'Angleterre. ARTICLE XX. On demande fi l'animal nommé *Abados*, ou le Rinocéros n'a pas des dents, des ongles, la chair, le fang, & la peau, même fes excrémens, auffi-bien que fes cornes, qui font autant de diférents antidotes ? ou fi les cornes de ces animaux font meilleures felon la nourriture dont ils ufent ? REPONSE. On tient que leurs cornes, leurs dents, leurs ongles, & leur fang font des antidotes ; & ils ont le même ufage dans la *Pharmacopée des Indiens*, que la Thériaque a dans les Pharmacopées d'Europe. La chair que j'en ai mangée, eft fort douce, & fort courte. Quelques jours avant que j'euffe reçû vôtre Lettre, j'en avois un jeune, qui n'étoit pas plus grand qu'un gros chien, qui me fuivoit par tout, où j'allois, & qui ne bûvoit que du lait de Bufle. Il a vêcu environ trois femaines. Les dents lui commençoient à fortir ; il lui prit un flux de ventre, dont il eft mort. Je croi que toute nouriture eft indiférente à cet animal, & qu'il mange de toutes chofes ; puis qu'on ne le voit guere , que parmi des branches sèches, des chardons, & des épines ; de forte que la corne ne tire point fa vertu précifément des chofes bonnes , ou mauvaifes dont il fe nourit. Voila ce que Meffieurs de la Société Royale d'Angleterre ont inferé dans leur Hiftoire, pag. 206.

I X.

Le Bézoard.

IL y en a de plusieurs espè-
cès.

Le plus célèbre est le *Bézoard d'Orient*, qui est une pierre qu'on trouve dans le ventre
d'une Chevre sauvage des Indes Orientales.

Il y a aussi le *Bézoard d'Occident*, qu'on tire du ventre des
chevres sauvages du Pérou.

Le Bézoard de Porc est fort
estimé ; il se trouve dans le fiel
des Sangliers des Indes en Malaca.

Quelques - uns donnent la
préférence au *Bézoard de Singe*, & qui se trouve dans une
espéce de singe en l'Isle de Ma-
cassar, proche de Java en Asie.
Le Bézoard de Porc-épi l'em-

porte sur tous les Bézoards,
dont je viens de parler. On le
trouve dans le Porc-épi des Indes au Royaume de Malaca,
dans la Province de Pam.

J'ai été assez hûreux de trouver une de ces pierres de Bézoard de Porc-épi dans mon
voyage des Indes d'Orient.

On lui attribuë de grandes
vertus. Elle chasse par la transpi-
ration les mauvaises hu-
meurs. Prise dans un mélange d'eau, & de vin ; elle resiste au venin, & fortifie puissamment le cœur. Elle arrête
le cours de ventre. On s'en sert
avec succès dans la peste, dans
la petite verole, & dans les
fiévres malignes. On en donne aux enfans pour les vers.
Elle est excèlente dans l'épilepsie, dans les vertiges, dans
les palpitations, & répare très-
sensiblement

senfiblement les forces.

Il eft furprenant que le Bézoard, dont tant de Médecins ont vanté les vertus, ne soit plus employé dans la médecine. C'étoit un préfent qu'on faifoit, il y a cent ans, aux Rois, & aux plus grands Princes ; & alors on le recommandoit comme un antidote souverain contre le poifon, la pefte, & les fièvres fufpectes de venin. Et aujourd'hui il n'eft plus en ufage.

Il me femble que M. Sachs en dit la raifon dans la page 303. de fa *Gammarologie*. Il y a, dit-il, beaucoup de Medecins non feulement qui ne fe fervent jamais de Bézoard ; mais même qui en condamnent très-fortement l'ufage : *à caufe que le veritable Bézoard eft très-rare dans les Indes, &*

R

que la plupart de celui qu'on
aporte en Europe est factice, &
composé de magisteres de plantes. Les Juifs de Constantinople
sont de grands fourbes là-dessus.
Car enfin quoi qu'il y ait des
marques certaines pour discerner
le Bézoard naturel d'avec l'ar-
tificiel, il arrive qu'on y est souvent trompé. Et cette incertitude
a obligé plusieurs savans Médecins à proscrire de la médecine
l'usage du *Bézoard* Ut inde
propter incertitudinem à plu-
rimis Medicis lapidis Bezoar-
tici usus improbatus.

Quand on a donc du vrai Bézoard, on a un antidote excélent, contre la peste, & contre les fiévres malignes. *Fol-*
linus en raportant dans son *A-*
muletum Antonianum cap. 14.
les remèdes les plus souverains
contre la peste, il n'oublie pas

la vraie pierre de Bézoard ;
verus lapis Bezoard.

Marsile Ficin *Cap.* 24. de son
Antidote contre l'Epidimie ,
dit très-bien : La pierre de Bézoard , si quelqu'un en pouvoit avoir, est l'antidote le plus
puissant contre toute sorte de
venin. *Bezoard lapis , si quis
posset habere eum , super omnia
valet adversus venena.* Il cite
après cela plusieurs Auteurs
Arabes, qui élevent le Bézoard
infiniment au dessus de la Thériaque, & de tous les autres antidotes. Il y a là de très-belles
expériences. Si elles sont fidel-
lement raportées, une pierre de
vrai Bézoard grosse comme
une noisette, vaut mieux qu'un
diamant du même volume.

Chioccus parlant de la pierre de Bézoard dans le *Mu-
seum Calceolarii pag.* 342. trou-

ve très-mauvais que *Minde-
rerus*, Craton, & Jourdain aient
osé avancer qu'ils n'ont jamais
vû un bon éfet du Bézoard,
toutes les fois qu'ils l'ont employé ; & il ajoute qu'il est
certain que ces Médecins-là
n'avoient pas du vrai Bézoard,
qui est rare, d'un grand prix,
& qu'on ne trouve guere que
chez les Princes ; & que sans
doute ils n'avoient que du Bézoard d'Occident , & peut-
être des pierres qu'on trouve
dans les chevaux : ou bien ,
dit-il , ils n'avoient pas bien
purgé, & préparé leurs malades à recevoir un antidote si
propre à fortifier le cœur, &
à le défendre contre le venin ,
& l'air infecté. Enfin *Chioccus*
conclut : J'ai un grand nombre
d'expériences par devers moi,
qui m'ont confirmé dans la

pratique où je suis de donner
le Bézoard en Italie pour les
maladies, où il y a du venin ;
& de tous les remèdes, dont
on use en tems de peste, le
Bézoard est celui à qui je donne la préference. *Nos in Ita-*
lia periculis multis factis, con-
trariam possumus assumere sen-
tentiam, & è catalogo pestilen-
tium remediorum quidvis aliud
potius expungere.

M. Vossius le Pere, parlant
d'après les Arabes, dit que le
Bézoard est très-salutaire contre la peste, les maladies contagieuses, l'apoplexie, l'épilepsie, le vertige, la pierre,
les vers, les palpitations, la
lepre, &c. *Lib. III. de ido-*
lolat. cap. 68.

Gaspard Bauhin est celui qui
a écrit le plus savamment, &
avec plus d'étenduë sur cette

matiere. Il a fait un Traité exprès du Bézoard. Comme il en a fait une étude particuliere, & qu'il a écrit après les autres, son sentiment doit être d'un grand poids. Il rend justice au vrai Bézoard qu'il estime infiniment. Aussi je regarde comme un des plus doux fruits de mon voyage des Indes, d'avoir trouvé une pierre sur la vérité de laquelle je puis compter.

J'en ai encore un factice qui est composé en partie du Bézoard de Porc-épi, & de quelques partiesdu corps de cet animal. Il est de la façon d'un Médecin Arabe qui fait la Médecine dans les Etats du Mogol. On le substituë au vrai Bézoard du Porc-épi, qui est très-rare, & dont une petite pierre vaut 50. écus dans les Indes.

J'ai aussi une pierre cordiale composée par Manouchi Médecin de Madras sur la côte de Coromandel. Il la vend un écu l'once. Je ne sai point ce qui entre dans sa composition : ce Médecin en fait un très-grand secret.

Il y a outre cela le *Bézoard factice*, de Gaspard Antonio. C'est une composition, dont la baze est de Bézoard. On la nomme encore Pierre Cordiale. Ce sont de petites boules, dont la surface est marbrée, & dorée en quelques endroits fort proprement.

La doze est ordinairement le poids de six grains de froment ; un peu plus, ou un peu moins selon l'âge, la force, & la disposition du malade. On la prend en poudre.

1. Dans les fiévres chaudes,

& malignes, lorsque le mal
presse, on peut donner de cette poudre au malade dans un
peu d'eau froide, à quelque
heure que ce soit. Ce remède
réjoüira le cœur du malade,
le fortifiera, & apaisera l'ardeur de la fièvre.

2. Il faudra donner aussi ce
remède à un fébricitant, quand
il se sent une forte envie de
boire du vin.

3. Lorsqu'on se sentira abatu
de mélancolie, mais sans fièvre,
ce remède étant pris avec du
vin, soulagera beaucoup la personne mélancolique.

4. Quand on est convales-
cent, cette poudre est merveilleuse prise dans de l'eau,
ou dans du vin.

5. Etant prise dans du vin,
ou dans de l'eau, elle a une
vertu très-puissante contre tou-

tes fortes de poifons, morfures
de Vipéres, de chiens enragez,
& autres animaux venimeux.
Outre ce qu'on en prend par
la bouche, il en faut encore
apliquer fur la morfure.

6. Cette poudre étant prife dans de l'eau, elle a la vertu d'arrêter le crachement de
fang, qui vient de la poitrine;
& étanche le fang du nez en
la prenant en forme de Tabac.

7. Elle eft admirable pour
conferver, & fortifier la vûë,
étant prife dans de l'eau une
fois la femaine.

8. Etant prife dans du vin,
ou dans de l'eau, elle préferve
de la lèpre, & eft fort bonne
pour les perfonnes qui font
ataquées de la petite vérolle.

9. Etant prife dans du vin,
elle eft fort bonne contre le

flux de sang, qui provient d'une cause froide. S'il vient de chaleur, on prend la poudre dans de l'eau.

On peut juger de-là que le Bézoard Oriental tout pur, & sans mélange, doit être d'une vertu beaucoup plus merveilleuse. C'est le sentiment des deux plus savants Medecins qui soient dans le monde. On comprend assez par ces seuls termes, que je veux parler de Monsieur Fagon prémier Médecin du Roy ; & de Monsieur Bourdelot, prémier Médecin de Madame la Duchesse de Bourgogne. M. l'Abbé de Vallemont, à qui on avoit fait présent des trois sortes de Bézoard, dont je viens de parler, fut curieux de savoir à quoi cela pouvoit servir, & pour cela il supplia un Seigneur de la Cour

d'en consulter les Médecins
sur ces diférents Bézoards.
Voici la réponse qu'il reçut,
& que je place ici comme un
oracle de nos Maîtres, & comme un morceau qui fait honneur à mon ouvrage.

LETTRE

D'UN SEIGNEUR DE LA Cour, à M. l'Abbé de Vallemont.

J'Ai parlé à M. Fagon sur
le Bézoard ; j'en ai aussi en-
tretenu M. Bourdelot. Ils prétendent qu'il y en a de trois
sortes. L'Oriental, qui est le
plus petit, & le meilleur. L'Oc-
cidental qui est plus gros, &
moins bon. Enfin le factice,
qui ne laisse pas d'avoir quelque vertu, quand il est bien

fait. Le Bézoard fe forme dans
le corps d'un animal fait comme une chèvre. Le plus excèlent vient de chez les Tartares d'Ufbek. Il eft cordial ,
& chaffe les venins. L'animal s'apelle dans le pays *Pa-
zard* , d'où par corruption eft
venu le mot de Bézoard. Cette
pierre eft ordinairement ronde , & de la figure , & groffeur d'un œuf de pigeon. Voila tout ce que j'ai retenu des
deux converfations que j'ai
euës aujourd'hui à la Médecine du Roy , & dont je viens
fur le champ vous rendre compte.

A Fontainebleau , ce 24. Octobre 1700.

Après ce témoignage auten-
tique , je ne faurois mieux fi-
nir cet article, que par le fentiment du Chevalier Philibert

Vernati, que Meſſieurs de la Societé d'Angleterre ont fait inſerer dans leur Hiſtoire pag. 211. parce que cela fait voir que tous les Savans n'ont qu'-un même ſentiment ſur le Bézoard : *En Malacca, mais rarement, on trouve une pierre dans l'eſtomac du Porc-épi, dont on a décrit amplement les rares vertus. Les Hollandois en ſont maintenant ſi affolez, que j'ai vû en donner 400. pièces de huit, pour une qui n'étoit pas plus groſſe, qu'un œuf de pigeon. Il y a de la ſophiſtication en cela auſſi-bien qu'au Bézoard, au muſc, &c. & tous les jours nouvelles fauſſetez. Je ne ſaurois vous donner de règle, pour connaître le véritable. Il faut avoir recours à l'expérience. Je vous en envoie une qui eſt factice, & qui imite de bien près la*

vertu de la vraie pierre. Elle est
plus grosse, & d'une autre couleur.

X.

Un Huart, oiseau de Canada.

CEt oiseau est grand, comme un Coq d'Inde : mais le plumage est bien plus beau : il est maillé comme une perdrix ; les mouchetures du Huart sont d'un noir, & d'un blanc plus vifs. Il a le ventre tout blanc , le col aussi long qu'un Cigne. Mais ce col est d'une couleur de gorge de pigeon , qui change suivant qu'elle est exposée diversement au Soleil. Le Huart a sous la gorge une espèce de petite cravate blanche, & noire, qui fait un assez plaisant éfet. Il a le bec long comme celui d'une Bécasse ; mais beaucoup

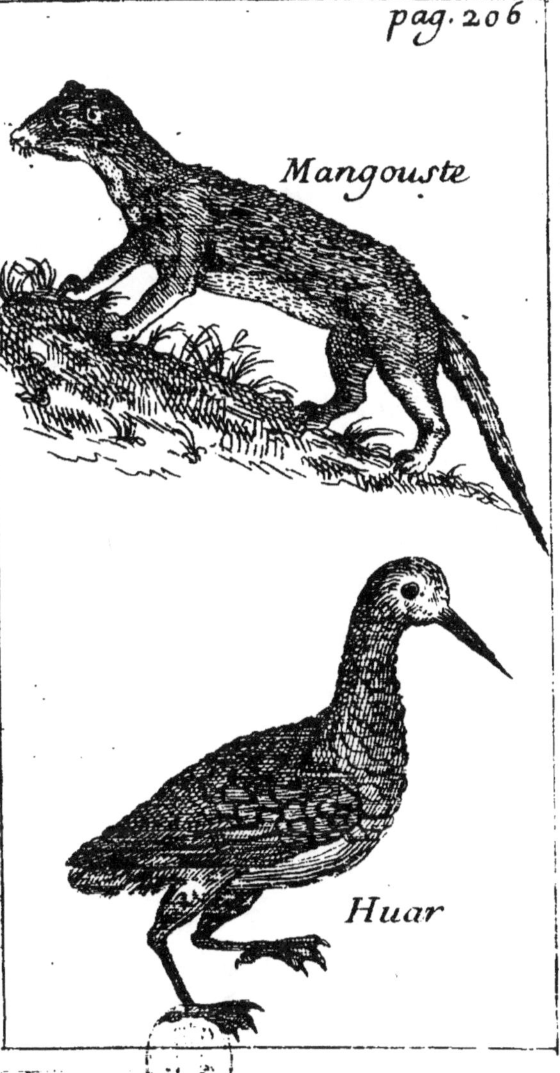

pag. 206
Mangouste
Huar

plus gros, & la queuë très-courte. Ses jambes sont fort longues; & il a les pieds faits comme ceux d'un Cigne, & des autres oiseaux de riviere; lesquels n'ont point ces divisions, comme si c'étoient des doigts diferents. Aussi le Huart est-il un oiseau, qui vit dans l'eau, où il mange le poisson qu'il peut atraper. On le trouve ordinairement au bord de la mer, dans les rivieres, & dans les lacs. Nous savons de ceux, qui ont voyagé le long de la riviere de Mississipi, qu'il y en a beaucoup dans ce pays-là. Celui que je décris, vient du Canada. On le nomme Huart; parce qu'il prononce si distinctement ce mot-là, que s'il se trouvoit un homme de ce nom dans les environs, il prendroit ce cri pour une voix humai-

ne, & crairoit qu'on l'apelle-
roit. La graiffe de cet oifeau
eft réfolutive, & admirable
pour fortifier les nerfs.

XI.

Une Mangoufle.

C'Eft un petit animal à 4.
pieds très-joli, & fait à
peu-près comme font nos bel-
letes de France. Il eft un peu
plus grand, & il a la queuë
plus longue ; & à proportion
comme celle d'un rat. Mais il
eft d'une couleur incomparablement plus belle. Sa peau
eft charmante ; elle eft chargée d'un long poil de trois
couleurs. Le blanc, & le noir
dominent fur chaque poil ; &
il y a une efpèce de rouge entre le noir, & le blanc, qui
fert de nuances pour en adou-
cir

cir le mélange. Sa queuë eft
couverte d'un poil de mêmes
nuances, & plus long que celui du corps. Il a la tête prefque comme un Ecureüil , &
couverte d'un petit poil ras.
Ses yeux font gros, & fes oreilles courtes, & arondies comme font les feüilles d'*Afarum.*
La Mangoufte, que je décris
ici, avoit deux pieds, & demi
de long , depuis la tête jufqu'à l'extrêmité de la queuë.
Elle étoit fort agile, & s'eft
aprivoifée facilement. Elle faifoit de petits tours plaifans ,
comme font les Singes.Elle venoit du Royaume de Calicut ;
& elle a été aportée en France
dans un Vaiffeau de notre Efcadre. Elle a vécu à Paris cinq
mois,où elle étoit devenuë fort
familiere , & fort divertiffan-
te. Elle eft morte ; on ne fait

S

comment. On présume que ce petit animal est mort de chagrin, de n'avoir point de Perroquets à manger. Il en a croqué plus d'une vintaine dans le Vaisseau, où il a été aporté. On peut dire qu'il étoit le fleau des Perroquets. On en a pleuré quelques-uns, qui promettoient d'être de grands jaseurs ; & on a quelquefois chanté ces tristes paroles.

Pleurez, pleurez mes yeux, &
vous fondez en eau.
Des tous mes Perroquets Man-
gouste est le fleau.

On l'a donnée au R. P. Sarrebourse, Chanoine Régulier de S. Augustin, qui l'a mise au célèbre Cabinet de Sainte Geneviève.

Les Indiens atribuent quantité de vertus aux diférentes parties de la Mangouste. Son foie est bon pour l'épilepsie. Sa chair prise en poudre, & apliquée sur les morsures des bêtes venimeuses, les guérit certainement. Son fiel est excèlent pour le mal des yeux. Sa graisse est un grand remède pour les humeurs froides, & rumatismes, & diminuë les douleurs de la goutte.

XII.

Description d'une oreille, du cœur, & d'un ventricule extraordinairement dilatez.

JE ne raporte ce phénoméne, que par l'orde de M. de Littre Docteur en Médecine, & célèbre Anatomiste de l'Academie Royale des Siences, à qui j'ai rendu compte, à mon retour des Indes, de quelques maladies extraordinaires que j'ai vûes durant mon voyage. Car de ma part je ne me ferois pas déterminé à raporter le détail d'une maladie, dont presque tous les simptômes font les mêmes que ceux que le Savant M. Dionis, prémier Chirurgien de Madame la Duchesse de Bourgogne, a décrits dans la pag. 663. de fon *Anatomie de l'homme*. Il est cependant vrai que le phénomène que j'ai vû, a des fingularitez, qui ne fe trouvent point dans l'obfervation de M. Dionis.

Le malade, dont il est ici queftion, étoit un matelot âgé d'environ 40. ans, qui fe plaignoit depuis long-tems d'une grande dificulté de refpi-

rer. Il se mit au lit deux jours
seulement avant sa mort. A
l'ouverture que j'en fis, je fus
surpris de trouver une tumeur
d'une grosseur extraordinaire
qui ocupoit toute la partie
moyenne de la poitrine, &
qui étoit formée par la dila-
tation du Pericarde. Je trouvai ensuite les poumons flêtris,
adhérants aux côtes, au dia-
phragme, & marquez de ta-
ches d'un rouge livide ; je dé-
couvris un sac au côté gauche
de la poitrine, formé entre la
plève, & les côtes, & qui renfermoit plus de deux pintes
d'eau rousslâtre. J'ouvris le Pé-
ricarde, & je trouvai le cœur
qui n'étoit pas moins gros que
la tête d'un enfant. Ce Péri-
carde, quoique dilaté si con-
sidérablement, ne contenoit
pas plus d'eau, qu'il y en de-

voit avoir. L'oreille droite du cœur étoit plus groffe que le poing, & longue de demi pied. La cavité du ventricule de ce même côté étoit fi grande, qu'elle contenoit près de deux pintes de fang noirâtre : & il y en avoit bien une chopine dans l'oreille droite.

Cet homme avoit le foie, & la veffieule du fiel d'une groffeur furprenante. Le foie, qui étoit d'ailleurs affez fain, n'étoit pas moins gros, que celui d'un bœuf ; & la veffieule du fiel étoit à proportion. L'Epiploon étoit prefque tout confumé, & fort livide. Les autres parties me parurent affez faines. Ce qu'il y a à obferver ici, c'eft que ce même homme étoit d'un naturel impetueux, violent, & emporté au de là de tout ce qu'on peut

dire : ce que je remarque exprès ; parce que cela s'accorde parfaitement avec ce que
M. Dionis raporte de l'hu-
meur de celui dans le corps
duquel on a trouvé un phénomène assez ressemblant.

XIII.

Vers sortis par le nez d'un
malade.

DAns le tems que nous hi-
vernions dans le Gange,
un de nos Matelots qui rele-
voit d'une maladie dangereu-
se, & que je ne comptois plus
parmi mes malades, rendit par
le nez cinq petits vers blancs,
un peu plus gros que des
grains d'orge, avec une matiere purulente, & d'une odeur
cadavéreuse. Il fut pris en même tems d'une fièvre continuë,

qui au bout de trois femaines le mit au tombeau. Durant ce tems-là il jettoit plufieurs fois par jour de ces mêmes vers. On en compta jufqu'à un cent. Après quoi on n'eut plus d'attention à la quantité qu'il en rendoit. Quelques jours avant fa mort, la matiere étoit un fang noirâtre, & d'une puanteur fi infuportable, qu'on fut obligé de le féparer des autres malades. La maffe de cette corruption étoit fi abondante, qu'outre ce qu'il rendoit par le nez en fi grande quantité, qu'il étoit obligé d'avoir toûjours la tête baiffée, il s'en écouloit encore prodigieufement par l'*anus*.

Dans les obfervations que je fis dans l'ouverture du fujet, je reconnus encore de ces mêmes vers dans les Sinus maxilaires;

xilaires ; que les membranes qui les tapiſſent intérieurement étoient toutes détruites , & la ſurface interne des os maxilaires étoit cariée : ce qui prouve que le ſiége de la corruption étoit là , & non pas dans le cerveau , que je trouvai très-ſain , auſſi-bien que la partie cribleuſe de l'os ethmoide ; par où quelques Médecins étrangers m'avoient ſoutenu que ces vers paſſoient.

I.

La Pierre divine pour les yeux.

DE tous les maux il n'y en a point de plus vif, de plus sensible, & qui chagrine davantage que le mal des yeux. Un Auteur Italien nomme fort bien les yeux, les miroirs où se peint la nature, les juges souverains de la beauté, les guides de l'homme, les peintres de la pensée, les interprètes du cœur, les messagers de l'amour, des Spheres mobiles, & vivantes, les Astres de la terre, en un mot les ministres des Siences, & des Arts.

Platon parlant des yeux, dit : ce sont eux qui nous ont découvert toute la face de l'Univers; & sans leur secours nous

ne connaîtrions point les ri-
chesses que la nature étalle sur
la terre. Le Ciel, le Soleil, &
les Astres seroient pour nous,
comme les choses qui ne sont
point. Sans les yeux la charmante alternative du jour, &
de la nuit; la lumiere de l'un,
& les tenèbres de l'autre nous
seroient absolument inconnuës. La division du tems, le
partage des mois, & le retour
des années, sur quoi nous rè-
glons nos afaires, & nos devoirs, ont été déterminez sur
le mouvement du Soleil, par
le secours des yeux. Enfin la
Philosophie, qui est le plus précieux, & le plus utile présent,
que le Dieu immortel ait fait
& fera jamais aux hommes mortels, n'est venuë à nous, que
par le ministere des yeux....
Unde Philosophiæ genus nobis

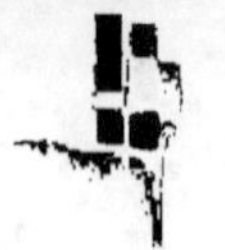

comparavimus , quà neque ma-
jus , neque utilius bonum Deo-
-rum immortalium beneficio , at-
que munere ad hominum genus
pervenit , neque perveniet un-
quam. Hoc autem loco OCU-
LORUM maximum beneficium.
In Timæo.

La vûë eſt en éfet un ſi
grand avantage, qu'on ne ſauroit trop eſtimer un ſecret qui
ſert à la conſerver, & à la fortifier. La pierre verte qu'on
nomme *Divine* , à cauſe de ſes
merveilleuſes vertus pour les
maux des yeux , eſt le plus excèlent Colyre, qui ait jamais
été trouvé. C'eſt une de ces
découvertes , qui font tant
d'honneur à notre ſiécle. Quoique les Médecins après Galien, comptent 113. maladies des
yeux, il y en a peu de tout ce
grand nombre , que la pierre

verte ne guérisse. Elle fait des guérisons si promptes , & si surprenantes, qu'on les prendroit volontiers pour des miracles. Il n'est pas juste qu'un tresor de cette importance , & si utile aux hommes, demeure plus long-tems caché. Je suis redevable de ce secret à Monseigneur de Cicé, Evêque de Sabule , qui me l'a donné dans notre voyage des Indes. On le tient d'un Médecin Arabe, qui faisoit la Médecine à la Chine. Voici comme on le prépare , & comme on en use. Prenez ,

4. onces de Vitriol de Chipre,
4. onces de Nitre, ou Salpètre ,
4. onces d'Alun de Roche.

Il faut mêtre ces trois choses en poudre, & les faire fondre dans un pot neuf vernissé, d'abord à petit feu ; & puis l'augmenter jusqu'à ce que tout soit fondu.

Ensuite jettez dans cette matiere, qui est très-chaude, un gros de camphre mis en poudre. Remuez bien tout cela avec une spatule de bois ; & lorsque le camphre sera bien fondu, & bien incorporé avec les autres matieres , couvrez le pot de son couvercle, & le luttez avec de la pâte de farine.

Laissez refroidir tout cela durant vingt-quatre heures, puis vous casserez le pot, où vous trouverez votre pierre verte , qu'il faut séparer proprement des morceaux du pot. On conserve cette Pierre dans une fiole de verre , pour empêcher l'évaporation de ce qu'il y a de plus spiritueux , & de plus volatile dans cette composition.

USAGE.

IL en faut mêtre un demi gros en poudre dans un demi septier d'eau de fontaine ; & quand on veut s'en servir, il faut faire tiedir l'eau, & en laisser tomber une goute dans l'œil, ou dans les deux yeux, s'il y a du mal à tous les deux.

Il en faut user trois fois par jour ; le matin en se levant, à midi, & le soir en se couchant. Quand on veut cette eau plus forte, on y met un gros de la Pierre verte. D'abord elle fait une douleur assez vive, & rougit même les yeux. La douleur se passe, & la rougeur se dissipe assez vîte.

Cette eau éclaircit la vûë, la fortifie, nétoie les yeux, en mange les taies naissantes,

guérit les suffusions, enlève la
rougeur, &c.

Elle est encore merveilleuse, pour faire cicatriser les
vieilles plaies, & les vieux ul-
ceres des jambes.

Elle emporte souveraine-
ment les dartres du visage, &
des autres parties du corps, en
apliquant dessus un petit linge
bien propre, & trempé dans
cette eau.

II.

Pilules purgatives.

JE tiens la composition de
ces merveilleuses pilules
d'un Médecin Indien, qui m'a
donné ce secret comme un fébrifuge indubitable. Il m'a de
plus asseuré qu'il s'en est servi
plusieurs fois avec succès pour
le mal, que les Napolitains

ont aporté de l'Amerique en Europe ; & qu'ils nomment mal-à-propos *Morbus Galli-cus*, afin de lui faire perdre, s'il se pouvoit, son prémier, & véritable nom qui est, *le mal de Naple*. Voici la composition.

10. gros de Mercure doux,

10. gros de Sel Armoniac.

10. gros d'Orpiment.

10. gros de Mirobolans, des trois sortes également.

40. gros de petits Pignons d'Inde, dont on mêle d'abord 20. gros, sans en ôter les pellicules, avec les autres drogues bien pulverisées. On sépare des autres 20. gros restants, les pellicules, & puis on les fait un peu rotir dans une petite poëlle à feu lent ; on incorpore le tout avec du vin blanc, ou autre liqueur aro-

matique, & on en fait de petites pilules qui ne péfent que quatre grains. Une fufit pour chaque prife : deux jours a-près, s'il eſt befoin, on en prend une feconde. Et pour les maladies auſſi opiniâtres que le mal de Naple, on comprend bien qu'il y faut revenir plufieurs fois, & durant trois ou quatre femaines. Du reſte on prend un boüillon aux herbes, après que le remède a commencé de faire éfet ; & on garde le même règime, qu'on a coûtume de garder, lors qu'on fe purge.

III.

Miroir de métail du Japon.

LEs Japonnois cultivent les Arts avec plus de foin qu'aucune nation du monde.

Maffée *Lib.* 12. nous les répréfente d'une politeffe fi exqui-
fe, & fi bien entenduë, que
quoi qu'ils la faffent fouvent
confifter en des manieres toutes opofées aux nôtres, nous
ne laiffons pas d'y trouver un
bon fens vif, & lumineux. A
l'égard de la Médecine, ils ne
s'acommoderoient point de
celle qui fe pratique à Paris,
où l'on faigne beaucoup, &
où l'on croit avoir tant de raifon d'en ufer ainfi. Au contraire les Japonnois qui vivent
ordinairement du moins cent
ans, non-feulement ne faignent
jamais leurs malades; mais
même ils regardent la faignée
comme une action inhumai-
ne, cruelle, & qui fait horreur à la nature. Pour les Arts,
ils y font pour le moins auffi
habiles que nous; mais il y en

a, où ils surpassent toutes les autres nations du monde. Leur verni est inimitable ; & celui de la Chine est infiniment au dessous de celui du Japon , pour le lustre, pour la dureté, & pour l'odeur. J'ai un miroir de métail fondu , & poli au Japon, & qui est d'un éclat que nous ne voyons point dans nos miroirs ardents qui se font en France. Il est d'un poliment si parfait , qu'il est impossible d'y découvrir aucune raie. Aussi faut-il avouer , que les Japonnois ont une adresse merveilleuse à travailler les métaux. J'ai quelques autres ouvrages de leur beau cuivre, & de leur façon, que je conserve comme un argument qui prouve qu'il y a des nations , que nous regardons comme barbares, & qui n'ont rien d'inférieur à nous pour les talens, & pour le bel esprit, Mon miroir est rond , & a environ six pouces de diamètre.

I V.

Une petite Pagode du Japon.

COmme la Religion des Paiens a toûjours été chancelante , & qu'ils n'ont point été fermes dans ce qu'ils croyoient de leurs Dieux, ils ne les réprésentent presque jamais de la même maniere, & sous la même idée. Les uns ont figuré leurs Dieux d'une grandeur énorme. Telle étoit la Statuë du Jupiter d'Olimpie , qui étoit d'ivoire , & qu'on a mis entre les sept merveilles du monde. Strabon *Lib.* VIII. remarque que Phidias avoit fait ce Jupiter d'une grandeur si

prodigieuſe, quoi qu'il fût aſſis, qu'il n'auroit pû être de
bout, ſans percer la voute du
Temple, qui étoit pourtant de
la hauteur de 60. pieds. Ce qui
faiſoit dire à ceux qui vouloient
rire, que ce Dieu étoit par là
condamné à la néceſſité d'ê-
tre éternellement aſſis. D'autres diſoient que le Dieu n'a-
voit point été fait pour le
Temple, ou que le Temple
n'avoit point été fait pour le
Dieu.

Au contraire une partie de
la devotion de l'Empereur du
Japon conſiſte aujourd'hui à
répréſenter le Dieu qu'il ado-
re, plus petit qu'une mouche;
comme il paraît dans la petite Pagode, que j'ai aportée des
Indes, & qui m'a été donnée,
comme une choſe fort rare
par M. du Livier, Directeur

de la Compagnie de Bengale,
& à qui on a affuré que le culte de ce petit Dieu étoit re-
fervé pour l'Empereur, & pour
fa famille.

C'eft une Divinité , dont
on ne m'a pû dire le nom, &
qui eft dans une niche. Le
Dieu , & la niche font faits
d'un feul grain de ris. Mais
cet ouvrage eft d'une délicateffe achevée. On voit diftinctement dans la tête les yeux,
le nez , & la bouche. C'eft
un vrai plaifir, que d'examiner ce travail avec une loupe
de verre. On voit que toutes
les proportions y font gardées
dans la derniere exactitude.
Ce petit Dieu avec fa niche eft
planté fur un poil de ces barbes
qui font aux épis de ris ; &
la moitié d'un grain de ris fert
de piéd'eftail' à cette petite

Idole. Cet objet du culte de
l'Empereur du Japon eſt enfermé dans un petit tuyau de fort
beau verre blanc, un peu moins
gros qu'une plume d'oïe. Toute cette jolie machine ſe porte en poche dans un petit étui,
long comme la moitié du petit doigt, & fait de bois odorant. Si on a mis le Jupiter
Olimpien parmi les merveilles
du monde à cauſe de ſa grandeur énorme; on y mêtroit la
petite Pagode du Japon, ſi on
s'aviſoit de ranger auſſi entre
les choſes merveilleuſes, des
ouvrages d'une prodigieuſe pe-
titeſſe. On parle d'un Manuſcit
en parchemin de toute l'Iliade
d'Homére, d'une écriture ſi
menuë, que tout le volume
s'enfermoit dans une coque
de noix. Mirmecidès avoit fait
un petit chariot tiré par quatre
chevaux,

chevaux, qu'une mouche cou-
vroit entierement. Callicra-
tès faifoit des formis d'yvoire
fi petites, que les yeux les plus
perçants avoient peine à démê-
ler les diférentes parties de
ces petites infectes. On vend
tous les ans en Allemagne à
la foire de Franc-Fort des pu-
ces enchaînées par le col. Cardan raconte que de fon tems
on fit préfent au Duc d'Urbin
d'une bague d'or, dont le châ-
ton , au lieu de diamant enfermoit une petite montre; fur laquelle toutes les heures étoient
diftinctement marquées, & qui
fonnoit un coup à chaque heure. *Cardan. de Subtilit. Lib.*
XVII.

Enfin les hommes ne font
pas moins bizares dans la maniere, dont ils peignent le diable. Nous le répréfentons toû-

jours noir ; & Marc Paulo af-
sure que les Habitans du Malabar, dont le teint est fort rem-
bruni , peignent le diable
blanc.

V.

Tambour de la Musique du Roy
de Siam.

CE petit Tambour est une
preuve, que les Arts ne
font pas si négligez par les Siamois , que quelques-uns l'ont
voulu dire. La sculpture , la
dorure , & tout le dessein de
cet ouvrage font admirables ;
& on peut dire que tout y est
magnifique: Il m'a été donné
par M. du Livier, Directeur
de la Compagnie des Indes à
Bengale , & qui s'est fait un
nom honorable dans l'Orient
par la maniere obligeante, dont

il reçoit les Curieux, & par
tous les bons ofices qu'il leur
rend. Il eſtimoit fort ce petit
Tambour, qu'il conſervoit foi-
gneuſement. Le corps de cet
inſtrument eſt d'une terre bien
préparée, & très-bien ciſelée.
Il eſt orné de petits rotins tra-
vaillez fort proprement. Il n'eſt
couvert de peau que d'un côté; & c'eſt d'une peau de Serpent fort agréablement bigar-
rée, & qui rend, quand on
bat deſſus, un ſon doux, &
charmant. Au deſſous au lieu
de peau, il y a une eſpèce de
manche, qui eſt pareillement
de terre, & ſur lequel il y a
de la ſculpture dorée. La figure de tout le Tambour reſſemble aſſès à une groſſe carafe qui auroit une peau au
lieu de fond. Le col de la ça-
rafe eſt le manche du Tam-

bour. C'est l'instrument que décrit M. de la Loubére, Envoyé extraordinaire du Roy auprès du Roy de Siam en 1687. & 1688. Voici ce qu'il en dit en parlant de la Musique des Siamois. *Le peuple acompagne aussi quelquefois la voix de ceux qui chantent le soir dans les cours des logis, où il y a des nôces avec une espèce de Tambour appellé* Tong. *On le tient de la main gauche, & on le frape de tems en tems d'un coup de poing de la droite. C'est une bouteille de terre sans fond, & qui au lieu de fond est garnie d'une peau rattachée au goulet avec des cordons.* Histoire de Siam, Tom. 1. chap. 12. pag. 265.

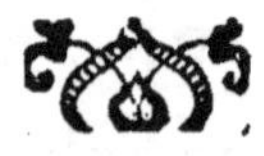

VI.

La petite Balance portative des Chinois.

COmme la monnoie des Chinois n'eſt point frapée, & que ce n'eſt que de petits lingots d'argent qu'on coupe ſur le champ, pour payer ce que l'on achete, cela oblige chacun à avoir ſa petite balance attachée à ſa ceinture, afin d'y peſer le prix dont on eſt convenu. Il y a particulierement trois ſortes de monnoies, qui ſont toutes trois en forme de petits lingots.

Les Condrins, qui valent ce que nous apellons *un ſou.*

Les Maſſes, qui valent 10. Condrins, ou 10. ſous

Les Taëls, qui valent 10. Maſſes, ou 100. ſous.

La petite balance, où l'on pese ces morceaux d'argent, a beaucoup de raport à l'ancienne balance, que l'on nomme *Romaine*, ou *Pezon*. Elle est composée, 1º. d'un bras, branche, ou levier ; 2º. d'un crochet, ou d'un petit bassin ; & souvent tous les deux y sont : 3º. d'un poids courant sur le levier, qui est ordinairement d'yvoire, ou de bois d'ébène. Il est de la longueur d'un pié, gros comme une plume à écrire, & sur lequel il y a trois lignes ponctuées. C'est sur ces points marquez, qu'on mesure la pesanteur des corps graves, comme on fait sur la verge de nos Romaines. Au lieu de l'anneau, avec lequel nous tenons nos pezons suspendus, il y a à la balance des Chinois trois petits

cordons de soie, qui sont attachez au levier dans trois diférents points de suspension.
On met dans le bassin ce que
l'on veut pezer ; ou bien on
l'attache au petit crochet.

USAGE.

POur mêtre la balance en
équilibre, on la tient par
le cordon le plus éloigné du
petit bassin ; & on arrête le
poids mobile sur le premier
point de la ligne latérale, qui
est la moins ponctuée. C'est
sur cette ligne que l'on péze
les Condrins, les Masses, &
les Taëls.

Sur la ligne supérieure, en
tenant le cordon du milieu on
péze les Masses, & les Taëls.

Et sur l'autre ligne latérale, en prenant le cordon le

plus proche du baſſin, on pèze les Taëls.

Cette petite machine de Statique eſt d'une préciſion merveilleuſe ; & un cheveu fait pancher le baſſin de la balance.

On porte cette balance dans une boëtte de vernis, ou de bois odorant.

VII.

La Gargoulette, & le Porte-Gargoulette des Indiens.

LA Gargoulette eſt un vaſe en forme de groſſe carafe, & qui eſt d'une terre fort legere ; mais qui a une qualité toute particuliere pour rafraîchir promptement l'eau qu'on y met. Le Porte-Gargoulette eſt une eſpèce de panier avec un couvercle, fait de petits filamens de bois de Bambou,

Bambou, & employez, comme
nous employons ici le jonc,
ou l'osier. Tout ce panier est à
jour ; une moitié du Bambou
est peinte d'un verni rouge, &
l'autre moitié d'un verni vert.
Ces deux couleurs sont mê-
lées avec tant de simmétrie,
que cela fait un éfet très-agréable. Il est rond, & de la
figure d'une tour. Il a deux
pieds de haut, sur environ neuf
pouces de diamètre. C'est dans
ce panier qu'on met la Gargoulette remplie d'eau, & qu'-
un oficier porte à la suite des
grands Seigneurs du pays. Cet
Oficier tient ce panier par
quatre cordons de soie, qui se
terminent à un bouton, où il
y a une touffe de soie de diférentes couleurs. Il porte cela à sa main, & l'agite à droit,
& à gauche, comme on agite

X

ordinairement un encenfoir ;
ce qui contribuë merveilleufe-
ment à rafraîchir l'eau.

VIII.

Le Hamac , & le Pagara des
Américains.

LE Hamac eft un lit fait
de coton tout d'une piè-
ce , que les Indiens portent
avec eux dans les forêts , &
qu'ils fufpendent par les deux
bouts à deux arbres, lors qu'ils
veulent fe coucher. La plupart
font peints de Rocou , &
par compartimens en guillo-
chis faits avec affez de proportion , & de juftefle. Les Brefi-
liennes qui en font, font fi in-
duftrieufes que de cent lits de
coton qu'on aporte d'un même endroit , il ne s'en trou-
vera pas deux, dont les façons

⟩lfoient femblables. Auffi les lits
qui viennent du Bréfil font-
ils beaucoup mieux faits, que
ceux qu'on fabrique en la
Guiane. Mais cependant on
voit toûjours dans les uns, &
dans les autres beaucoup d'in-
duftrie. Les Indiens ne vont
jamais à la campagne fans ces
lits-là.

Le Pagara eft un panier de
jonc fort propre, & induftrieu-
fement peint de rouge par
compartimens, dans lequel les
Sauvages métent leur Hamac,
quand ils voyagent. Le Hamac, & le Pagara que j'ai, font
bien faits; je les ai aportez de
Caïenne.

Il faut obferver que fi les
Philofophes, & les Légifla-
teurs ont fait des règlemens
fur l'âge, que les hommes, &
les femmes doivent avoir pour

se marier, les Sauvages, & les peuples les plus barbares, par les seules lumieres de la nature, quoi qu'étrangement corrompues en eux, ne laissent pas d'y aporter aussi quelque façon. Il est vrai que les Orientaux sont en cela plus déchaînez dans leurs voluptez que les Américains. Les filles Banianes des Indes Orientales se marient dès l'âge de sept, ou huit ans ; & celles qui en ont douze sont réputées surannées. Platon veut que l'homme ait dix ans plus que la femme qu'il épouse. Mais les Sauvages, comme je l'ai déja dit, par leur seule raison, qui n'est guere plus lumineuse chez eux que l'instinct des bêtes, veulent pourtant que les personnes qui se marient, aient donné quelques preuves de

...l leur industrie. Les filles doivent avoir fait le Hamac, c'est-à-dire, le lit, où le mariage se doit consommer ; & l'on exige des garçons de savoir faire le Pagara qui est le panier, où l'on porte le lit dans les voyages.

IX.

Vie de Saint Thomas Apôtre, en la langue du Malabar ; & autres Manuscrits des Indes.

SAint Thomas est dans une fort grande considération parmi les Chrétiens des Indes, parce que ç'a été par la prédication de ce saint Apôtre, qu'ils ont été convertis à la Religion Chrétienne. Son corps est dans la Ville de *Maliapur* sur la côte de Coromandel, où il est en une singuliere

vénération. Les Chrétiens de
S. Thomas habitent particulierement dans ce grand Triangle
isocèle de terre qui est entre
les embouchures de l'Inde, &
du Gange ; dont Cambaie, &
Bengale font la baze , & le
Cap de Comorin fait la pointe. Du côté du Fleuve Inde
est la côte de Malabar, & du
côté du Gange , est la côte de
Coromandel. Maliapur, & saint
Thomé sont sur la côte de Coromandel. Quand les Portugais décendirent dans ces quar-
tiers-là , ils y trouverent environ seize mille familles de
Chrétiens ; mais qui étoient
fort infectez des erreurs du
Nestorianisme. Cette Secte s'est
fort étenduë dans l'Orient.
Paul Diacre dit que Cosrhoès
Roy de Perse en haine de la
guerre sanglante que l'Empe-

reur Héraclius lui avoit faite,
contraignit tous les Chrétiens,
qui étoient dans la Perfe, d'em-
braffer les opinions de Nefto-
rius. Depuis ce tems-là les
Chrétiens de la Perfe en di-
latant par la prédication leur
Religion du côté de l'Orient,
ils y ont répandu pareillement
le Neftorianifme. En 1599. ces
Chrétiens de faint Thomas a-
bandonnérent par les foins des
Portugais, leur Patriarche de
Muzal, ou de Babilone; & dans
un Sinode tenu par l'Archevêque de Goa à *Diamper*,
proche de Maliapur, ils fe foû-
mirent au Pape, embrafferent la
Religion Romaine, & renoncé-
rent formellement le Neftorianifme. Comme la mémoire de
faint Thomas eft toûjours pré-
cieufe parmi ces Chrétiens-là,
on y eft fort curieux d'avoir

X iiij

la vie de ce faint Apôtre des
Indes. J'en ai une écrite en la
langue, & en caractères du
Malabar. Ce livre confifte en
des feuilles de Latanier lon-
gues d'un pied, & larges d'un
pouce, qui font coupées de
même longueur, & enfilées a-
vec un cordon de coton. Comme châque feuille eft chifrée,
on trouve facilement la fuite
de la matiere par les marques
qui y font.

J'ai encore en la même langue un Journal de Marchand,
& quelques lettres touchant
le commerce, pliées à leur
maniere, qui eft en forme de
braffelet, ou d'anneau.

De plus, j'ai un Manufcrit
Chinois qui eft un Catechifme,
ou une explication de la doctrine de la Religion Chrétienne.

X.

*Le Portrait de Cha-géhan,
Empereur des Mogols.*

CE Portrait est une minia-
ture des plus fines, & des
mieux éxécutées. C'est une
peinture parlante; & on peut
bien voir par ce petit tableau,
qui n'est pas plus grand qu'un
écu, qu'il y a d'habiles Peintres dans l'Empire du Mogol;
soit qu'ils soient originaires du
pays, ou que ce soient des é-
trangers qui s'y sont établis.
C'est un présent qu'un grand
Seigneur de la Cour du Mogol avoit fait à M. du Livier,
qui remplit si dignement la
place de Directeur general de
la Loge d'Ougli, que lui a
laissée M. des Landes, après
y avoir âquis la réputation d'un

parfaitement honnête homme:
C'est un témoignage que lui
rendent dans toutes les occa-
sions les Habitans du pays. Le
portrait de Cha-géhan a été
donné à M. du Livier, comme une curiosité très-considé-
rable ; & d'autant plus que
ceux, qui ont vû cet Empereur, avouent que l'on ne peut
rien faire de plus ressemblant.

Comme Cha-géhan étoit un
grand Prince , on est curieux
dans les Indes d'avoir son portrait. Il avoit usurpé la Couronne sur son neveu Boliki, &
exerça d'abord plusieurs cruau-
tez pour s'asseurer l'Empire.
Mais comme il avoit ôté la
Couronne au légitime héritier,
il fut traité de même ; & de
son vivant il en fut privé par
Aureng Zeb, son troisiéme fils,
en l'an 1660. Aureng-Zeb rè-

gne depuis ce tems-là, & fon
pere Cha-géhan mourut trifte-
ment en prifon en 1666. à
Agra, où fon fils le faifoit garder à vûë.

J'ai encore du même goût
un Tableau fort joli fait dans
l'Empire du Mogol. C'eft la
répréfentation d'un combat de
deux Elephans, fur chacun
defquels un homme eft mon-
té, qui les gouverne avec fon
croq de fer.

Il y a encore deux hommes
qui pour animer davantage au
combat ces deux animaux, leur
mêtent le feu fous le ventre.

Il n'y a rien de plus naturel,
& de fi hûreufement deffiné.
Les attitudes font répréfentées
avec une vivacité, & une exa-
titude, qui font qu'on ne fe laffe
point de les voir, & de les examiner.

XI.

Portrait de Confucius Philoso-
phe de la Chine ; auprès du-
quel est un Elève, & l'Oi-
seau Ibis.

LE Portrait de Confucius
n'est pas présentement rare en France : on en a tant a-
porté de la Chine, qu'on peut
dire, qu'il y est présentement
commun. Mais celui, dont je
parle ici, est plus curieux que
ceux que l'on voit ordinairement : 1°. parce que ce grand
Maître de la Philosophie Chi-
noise est assis sur un Siege, &
dans l'attitude d'un homme
qui parle, & qui enseigne avec
autorité. 2°. Il y a auprès de
lui un Elève qui est debout,
& dans la posture d'un Disci-
ple docile qui écoute avec res-

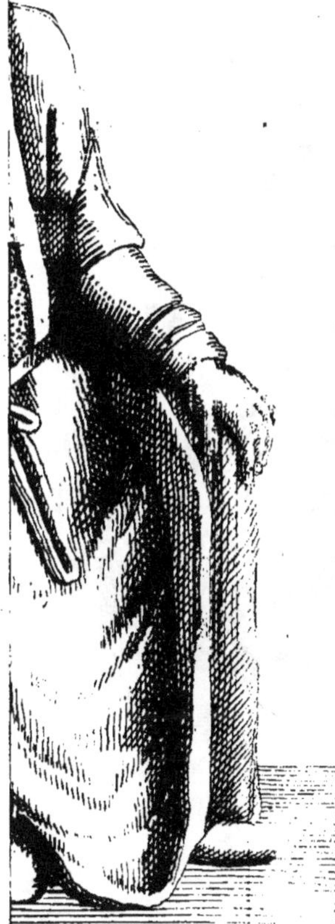

pag. 252.

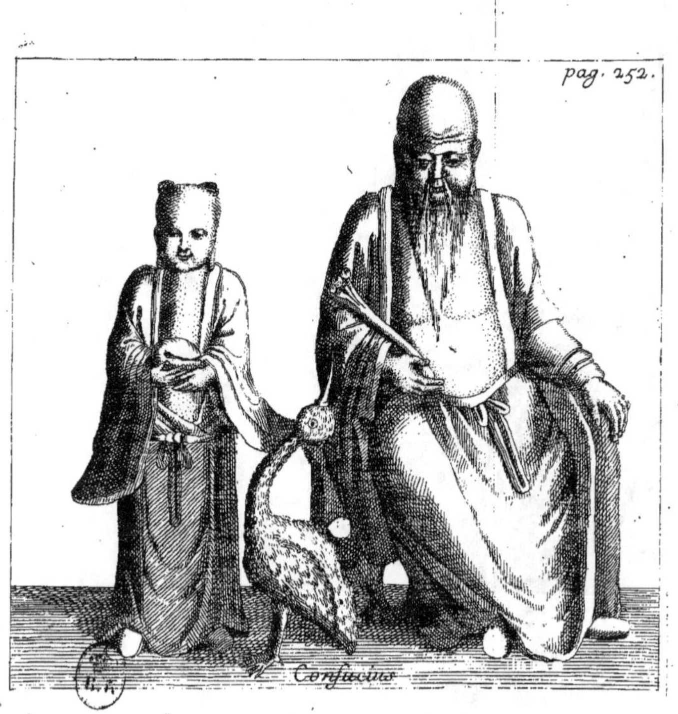

Confucius

pect les paroles de son Maître. 3°. Il y a entre les deux
l'Oiseau *Ibis* , qui est une Cigogne noire.

Quelques-uns ont crû que
ces petites Statuës étoient faites de terre : mais il est certain
qu'elles sont d'une pierre du
pays , & qui est tendre comme l'albâtre. Cette pierre est
fort belle ; elle a de grandes
veines rouges , jaunes , & le
fond est de couleur d'olive.
On en fait aussi de très-beaux
vazes , qu'on aporte de la Chine , & qui sont fort estimez à
Paris. Cette pierre se nomme
à la Chine *Tim-lo-ho*.

Il n'y a qu'à dire un mot de
ce qu'a été Confucius à la
Chine , pour reconnaître que
ce n'est pas sans raison , qu'on
recherche tant son Portrait.

Environ 550. ans avant l'Ere

vulgaire floriſſoit le célèbre Confucius, le plus grand Philoſophe que la Chine ait jamais eu. Il tiroit ſa naiſſance du Bourg de Leuyé, aſſez proche de la Ville de Kiofeu, dans la Province de Xanton au Nort de Nankin. Ce fut ſous Kin-vam XXIV. Empereur de la III. famille, que ce Sage commença à ſe diſtinguer par la beauté de ſa Philoſophie, à la profeſſion de laquelle il joignoit une admirable innocence de mœurs. Ses écrits ſont remplis de maximes très-belles, & qui tendent toutes à établir le repos dans les familles, & l'abondance, & la tranquilité dans l'Etat. Il étoit perſuadé qu'il eſt très-important aux Souverains, que les peres aient une grande autorité ſur leurs Enfans. Il veut même qu'ils la portent loin ; parce que l'imagination d'un enfant ployée de bonne heure , & entretenuë dans une dépendance entiere fous l'autorité paternelle , trouve dans la fuite moins de peine à porter le joug de la Domination Royale. Les Chinois, & les peuples voifins de la Chine, comme font ceux du Tonquin , & du Japon , apellent Confucius *le Sage*, *& le Saint.* L'Evangile n'eft pas en plus grande vénération chez les Chrétiens , que fes écrits le font parmi ces Nations. Il n'y a point de Ville , qui n'ait un Collège magnifique dédié à Confucius ; & on y voit par tout ces infcriptions en lettres d'or : *Au grand Maître ,* ou bien : *A l'illuftre Roi des lettres.* Jamais Philofophe n'a reçu

plus d'honneurs de fa Nation ;
jufque-là qu'on a même honoré fa pofterité, non-feulement par des titres de No-
bleffe ; mais encore par de
grands revenus, & par des dif-
tinctions particulieres. Comme
il n'eft permis qu'aux Rois de
la Chine d'avoir des Cigognes
pour Simbole , & que cela eft
défendu aux Seigneurs , quelque grands qu'ils foient ; c'eft
donc une grande diftinction
pour Confucius, d'en avoir dans
fes images. Cela eft fans doute
permis pour de grandes raifons.
Je croi en pouvoir donner quelques-unes.

Il faudroit n'avoir jamais lû
les Livres d'Ornithologie, pour
ignorer tout ce qu'on dit de
curieux fur cet Oifeau, fi connu fur les rivages du Nil , comme parle Alciat , Emblem. 87.

Quæ

Quæ rostro clystere velut sibi pro-
luit alvum,
  Ibis Niliacis cognita littoribus.

1. La Cigogne est d'un naturel doux, & très-facile à aprivoiser ; & elle se plaît à demeurer parmi les hommes. C'est pourquoi cet oiseau a toûjours été en considération chez toutes les nations. Dans la Thessalie c'étoit un crime de tuer une Cigogne ; & on en punissoit le meurtrier, de la même peine, que les Loix ont decernées contre celui qui avoit tué un homme. En éfet les Cigognes tuent, & mangent les Serpents, & en purgent les pays qu'elles fréquentent. Pline, *Lib. X. cap.* 23. Et Ciceron avoit dit avant lui, que l'Oiseau Ibis est l'invincible des

tructeur des Serpents, qu'il met en pièces avec un bec d'une corne très-dure. Ce font ces Oifeaux, ajoûte-t-il, qui empêchent que la pefte ne foit toujours dans l'Egipte ; parce qu'ils tuent, & mangent ces Serpents aîlez, que le vent Sud-Oueft amène des vaftes folitudes de la Libie. Ainfi les Ibis font bien-faifantes durant leur vie, & ne fentent point mauvais après leur mort. Ciceron , *de Natur. Deorum. Lib. II.*

2. Plutarque dit que les Egiptiens ont obfervé, que la Cigogne fe donne à elle-même avec fon bec un cliftére fait d'eau de la mer ; ce que l'on a depuis adopté , & introduit dans la médecine. *De induftria animalium.* C'eft pourquoi George Pifidas dit fort élégamment , que l'Ibis eft plus

favante que Galien, & que la médecine eſt plus redevable à cet Oiſeau qu'à ce grand homme. *Piſid. in oper. ſex dierum.*

3. Pline dit une choſe admirable, & qui eſt vraie ; que, quoi que les Cigognes ſoient des oiſeaux paſſagers, on ne les voit jamais ni arriver, ni partir. Elles cachent leur marche ſi bien, qu'on ne les aperçoit jamais paſſer par aucun endroit. Ce qui eſt un merveilleux ſimbole du ſecret qui doit être dans le Conſeil des Rois.

4. Les Phiſiologiſtes diſent que les Cigognes prennent ſoin de leurs peres, & meres dans leur vieilleſſe, & qu'ils les nouriſſent avec un ſoin tout ſingulier. *Genitricum ſenectam educant*, Pline lib. X. cap. 23. On ajoûte encore qu'elles leur

aident à voller, & qu'elles vont les premieres pour leur fendre l'air, afin de leur rendre le vol moins pénible.

Il ne faut pas après tout cela demander la raifon, pourquoi le Sculpteur Chinois a placé l'Oifeau Ibis entre Confucius, & fon Difciple. Toute la Philofophie de Confucius tend à maintenir la paix dans l'Etat, & le repos dans les familles; & à bien démontrer ce que nous devons aux Princes qui nous gouvernent, & aux parents, dont nous tenons l'être, & la vie : & de ces diférents devoirs, l'Ibis eft un modelle vivant, naturel, & très-parfait. Elle eft donc pour les enfans à l'égard des parents, & pour les Sujets à l'égard des Souverains, le fimbole de la piété, dont on doit les honorer, & les fervir. Saint

Basile le Grand renvoie aux Cigognes, les enfants ingrats, & dénaturez, pour aprendre d'elles ce qu'ils doivent à leurs parents. *Jam vero pietas, & obsequium Ciconiarum erga suos senio confectos parentes, satis profecto liberos nostros benevolos parentibus, atque observantissimos efficere potest, modo mentem adhibere velint.* Homil. VIII. Εἰς Ἐξαμερον-

Nous voyons sur le revers d'une Médaille de l'Empereur Hadrien, une Cigogne avec ces deux mots *PIETAS AUGUSTA.* C'est qu'elle est encore l'image des bons Princes ; ausquels elle aprend qu'ils doivent cultiver la piété, & avoir un soin extrème de s'abstenir de tout ce qui peut avoir l'air de rigueur, & d'inhumanité. Voila pourquoi les Rois anciennement portoient au haut de leur Sceptre la figure d'une Cigogne, comme dit Suidas : & encore aujourd'hui l'Empereur de la Chine porte toûjours sur sa poitrine deux Cigognes en broderie.

Enfin l'autorité de la doctrine de Confucius, sur laquelle les Rois de la Chine sont obligez de se régler ; le titre même d'illustre Roy des lettres, dont on l'honore dans toutes les inscriptions publiques, lui donnent droit d'avoir dans ses portraits une Cigogne, qui est dans la Chine tellement la marque de la Royauté, qu'elle est reservée à la seule personne de l'Empereur.

CATALOGUE

DE PLUSIEURS
Curiositez de la Nature,
& de l'Art.

MINERAUX.

Mine d'or.
Marcafite d'or d'Afri-
que.
Mine d'argent.
Marcafite d'argent.
Mine de cuivre.
Marcafite de cuivre.
Mine de fer.
Mine d'Etain.
Mine de Plomb.
Mine de Mercure, ou Cina-
bre minéral.
Cuivre rouge du Japon.
Antimoine de Siam.

Aimant d'Orient *Syderitis.*

Aimant blanc.

Caillou d'Orient, c'est une espèce d'Agate.

Asbestos, pierre incombustible, comme l'Amiante.

Divers Talcs.

Diverses sortes d'Agates d'Orient.

Pierre Armenienne. *Mélochitès.*

Corne de Jupiter Ammon. Pline la place parmi les Pierres Divines d'Etiopie. Il dit qu'elle a la vertu de faire expliquer ce qu'il y a de Divin dans les songes.

Cératitès, ou *Unicornu minerale.*

Pierre Judaïque, *Phænicitès*, ou *Técolithos.*

Pierre Lunaire, *Selénitès.*

Pierre Etoilée.

Borax mineral brute, qui
vient

vient d'une mine proche d'A-. ka, Ville du Mogol.

Os pétrifié, & plusieurs au- tres pétrifications curieuses.

Langue de Serpent, *Glossope- tra*. On a crû que cette pierre étoit une langue de Serpent pétrifiée. Mais on est revenu de cette erreur ; & on sait parfaitement aujourd'hui , que c'est une pierre , qu'on trouve ordinairement dans la terre. On l'apelle *Glossope- tra*, c'est-à-dire , *Langue de pierre* ; parce qu'elle a la figu- re d'une langue. Pline , *Lib. XXXVII. cap.* 10. dit que cette pierre ressemble· à la langue d'un homme ; il s'est trompé, sans doute , parce qu'il n'en avoit point vû. Mais elle est assez semblable à la langue du *Carcharias* ; c'est-à dire, Chien de mer , ou Requin. Ce que

Z

Pline ajoûte , n'eſt pas plus raiſonnable. Il dit ſur la foi des autres , que cette pierre ne s'engendre point dans la terre ; mais qu'elle tombe du Ciel au decours de la Lune , & qu'elle favoriſe les deſirs des femmes perduës : voila la Fable ; mais diſons ce que nous ſavons de vrai là - deſſus.

Bien loin que cette pierre ſe forme dans la moyenne région de l'Air avec les foudres , & les tonneres , on la trouve quelquefois très-adhérente aux rochers , & très - ſouvent dans les terres, où il y a beaucoup de ſable , & des pierres de chaux. Geſner veut qu'il y ait de ces pierres-là , qui ſoient des langues de Serpent. Voici comme il en parle. Il y a , dit-il, une certaine eſpèce de pierres en forme de langues , qu'on trouve dans l'Ifle de Malte , que quelques - uns croient avoir été des dents de ces Lamies , ou femmes monftrueufes, qui fuccent le fang des enfans que les nourrices ne gardent pas avec affez de foin. D'autres eftiment que ce font des dents de Serpent ; ce qui me paraît plus vrai - femblable. On les trouve collées entre des pierres , & contre les rochers. Leur furface eft fort polie , & elles ont de petites dents tout autour taillées , & arrangées , mieux qu'un ouvrier ne pourroit jamais faire. Ces langues en un mot font très-recommandables , par la vertu qu'elles ont de refifter puiffamment au venin ; ce qui me fait croire , que ce font des langues de Serpent. *Gefner, Lib. IV. de Aquatilib.*

Plusieurs Bitumes minéraux.

Soufre transparent de la montagne de la Soufriére à la Guadeloupe.

VEGETAUX.

RAcine de Gimzim, si recommandée chez les Chinois pour un très-grand nombre de vertus, qu'ils lui attribuent.

Terra-mérita, ou le Curcuma des Arabes ; ou bien le Crocus des Indiens.

Pout-cha, racine odorante d'Asie, excèlente pour rétablir, & fortifier l'estomac.

Bois de Sagapenum.

Bois dont on tire le Baume du Pérou.

Bois de Crabe, dont les Portugais se servent au lieu de Gérofle, & de Muscade.

Bois de Campesche de Siam.

Bois Néphrétique.

Tous les Santaux.

Charé, bois fort leger, que quelques Idolâtres d'Orient emploient pour les inftrumens de leurs Sacrifices, & de leurs cérèmonies.

Feuilles de Bétel.

Feuilles de China-China.

Feuilles de Gérofle.

Rofe de la Chine, qui craît fur un arbre, dont les feuilles reffemblent à celles de la Mauve.

Fleur de Gingembre.

Fleur de Poivre de Guinée.

Fruits de diférents Cocos.

Une gouffe de Cocotier, dans laquelle eft renfermé un bouquet de fruits.

Toile de Cocotier, ou l'envelope, qui tient la Palme attachée au tronc de l'arbre.

Petit fruit d'Afrique , qu'on estime un spècifique assuré contre les Cancers , porté en amulette sur le mal. Sa figure est fort singuliere.

Fruit de Tamarin.

Atte , fruit formé en grappe de raisin , & couleur de raisin violet.

Fruit de Cacao , avec quoi se fait la baze du Chocolat.

Gousses de Rocou.

Gousses de Bonduc , apellé par les Indiens *Lata*.

Pommes de Savonnettes.

Olives d'Asie.

Pistaches de Perse.

Anacardes , apellez par les Indiens *Bibaut*.

Pignons de plusieurs espèces.

Muscade mâle.

Grosse casse longue d'Amérique.

Une longue Gouſſe qui renferme douze chataignes d'A-
mérique dans autant de cel-
lules.

Fruits de Coton.

Yecolt fruit long, couvert de
pluſieurs écailles, qui craît ſur
le Palmier de montagne dans
la nouvelle Eſpagne ; & que
les Américains nomment *Quai-
chtlepopotli*. Ce fruit a quelque
reſſemblance avec la pomme
de Pin. D'une ſeule racine, il
en ſort deux, ou trois troncs
qui portent des fleurs blanches, & agréablement odori-
ferantes. Jean de Laët dit, que
ces fruits ſont tous vuides : Il
s'eſt ſans doute trompé ; puis
que tôus ceux que j'ai, ont au
dedans une eſpèce de pruneau
long, qu'on mange avec plaiſir.

Noix d'Acajoux.

Fruit d'Ouatte.

Vanille.

Palmes.

Courbaris.

Abricot de faint Domin-
guë.

Cannes de fucre.

Un Coco du Pérou. Ce fruit
eft très-curieux. Je croi que le
premier Auteur qui l'a décrit,
eft le R. Pere Acofta Jéfuite,
*Lib. IV. Hift. natural. & mo-
ralis Indiarum.*

Ce Coco eft rempli d'une
pulpe, ou moëlle bien diférente de celle des autres Cocos. On trouve dans cette pulpe, quantité d'amandes très-
délicieufes, que l'on apelle ordinairement *Amandes d'Andos*, parce que l'arbre, qui
porte cette efpèce de Coco,
fe trouve particulierement
dans les montagnes d'Andos

au Pérou. Ces amandes font dans une coque fi dure, qu'il ne faut pas moins qu'un marteau, pour les caffer. Tout le fruit eft d'une figure affez extraordinaire ; il eft fait comme une cloche , lors qu'on l'a ouvert vers la tête , où il eft fermé par une efpèce de champignon qui le bouche. Son écorce a un doigt d'épaiffeur , & eft auffi dure que le font ordinairement les Cocos. Acofta affure que les amandes, qu'on trouve dans ce fruit, font d'un très-bon goût , trois fois plus groffes que les amandes ordinaires , & qu'on les fert fur table parmi les fruits les plus eftimez, & les plus délicieux. Chioccus a fait graver ce fruit, & on le trouve dans le Cabinet de Calceolarius pag. 623. où il eft fort bien répréfenté.

Ris en épi.

Millet de faint Ambroife.

Graine de Coton.

Acacia d'Egipte.

Pois à gratter.

Gouffe, & graine de la manne mufquée d'Amérique, autrement graine de mufc.

Pois de merveilles.

Graine d'une Rofe de la
Chine.

Graine de jonc odorant.

Plufieurs gouffes de diférentes efpèces de Cardamome.

Graine de Varougou, plan-
te d'Afie.

Graine de Nat-chéni, plante d'Afie.

Graines de plufieurs efpèces
de Senfitive.

Graine d'Ozeille quarrée
d'Afie.

Graine d'Achek-pitcha fleur
d'Afie.

Pepins d'Attes.

Coton commun.

Coton de Maho.

Kaire, Filaffe qui couvre les Cocos, & dont les Indiens font leurs cordages.

Pitte, Filaffe d'Amérique.

Différents Litophitons, ou plantes pierreufes de mer.

Différentes Mouffes d'Orient, très-curieufes.

Baume blanc, d'Egipte.

Baume du Pérou.

Baume de Copahu.

Bdellium, Gomme.

Benjoin.

Huille de Palme.

Huille de Camfre de Céilan, qui fe tire de la racine du Canellier ; & ainfi apellée, parce que fon odeur aproche de celle du Camfre.

Sucre d'Erable du Canada.

ANIMAUX.

MOgue, Soie d'un Vers sauvage d'Asie, apellé *Tazal.*

Cancre de mer.

Une Etoille de mer, Poisson.

Mouches cornuës de l'Amérique.

Un Damier, Oiseau de mer qui se trouve aux environs du Cap de bonne Esperance ; ainsi nommé, parce que la plume de dessous ses aîles est par quarrez blancs, & noirs.

Hannetons d'un verd doré, d'Orient.

Touffe d'aigrette qui se trouve couchée entre les aîles de l'Oiseau nommé, Aigrette.

Nez d'Espadon, poisson de mer.

Oeufs d'Autruche. Il faut obferver que ceux, qui ont été
pondus dans l'Afrique, ont la
coque incomparablement plus
épaiſſe, queles œufs des Au-
truches de la Menagerie du
Roy.

Differents coquillages curieux.

Coris, petit coquillage blanc,
qui vient des Maldives, & qui
ſert de monnoie dans une partie de l'Afrique, & de l'Aſie.

Blatta Byſantia, ou *Unguis
odoratus.*

Différentes Tortuës de terre, & de mer.

Colibri, petit Oiſeau d'A-
mérique, & dont les femmes
Américaines ſe font des pen-
dants d'oreilles aux jours de ré-
joüiſſance.

Un doigt d'une ancienne
momie d'Egipte.

LES ARTS.

Gargoulis, ou Vaiſſeau à fumer, à l'uſage des Orientaux.

Plat d'une terre qui ſe trouve dans les Montagnes de Nelgari, Province d'Orixa dans l'Empire du Mogol. Cette terre eſt fort eſtimée des Idolâtres du pays ; parce qu'ils croient qu'elle eſt tellement ſainte par elle-même, qu'elle ne ſauroit être ſoüillée, quelque uſage qu'en puiſſent faire ceux qui ne ſont pas de leur Religion. Au contraire ils n'oſent ſe ſervir des vaiſſeaux faits d'une autre terre, quand d'autres gens qu'eux les ont touchez.

Une boëtte verniſſée dans laquelle, les femmes Indiennes

mettent une poudre minerale rouge, dont elles se barboüillent le front, pour aprendre à ceux qui les voient, qu'elles sont mariées.

Fléches, dont se servent les Siamois.

Autres Fléches d'Amérique.

Arc, de Bois de fer d'Amérique.

Arc fait de corne de Bufle.

Autre Arc de bois de Bambou, pour la chasse des Oiseaux ; & où l'on met au lieu de fléches, de petites balles de terre cuitte.

Un Bouclier, ou Rondache fait de bois de Bambou du Tonquin.

Un Boutou, ou bâton de Chef de troupes parmi les Sauvages d'Amérique.

Armes; savoir un Arc, des fléches, un Carquois, avec une espéce de Pannetiere à l'usage des Seigneurs Tartares. Le Carquois, & la Pannetiere sont de peau d'homme, passée très-proprement.

Flûte des Sauvages de l'Amérique.

Flambeau apellé Damar, fait de gomme odorante, dont les Orientaux de condition se font éclairer.

Cabaïe, ou habit des Mogols

Cadenatz de la Chine.

Or batu de la Chine.

Or filé de la Chine.

Papier de la Chine fait de soie.

Estampes de la Chine.

Petites Tasses, d'une espèce de vitrification blanche de la Chine.

Brasselets,

Braſſelets, dont ſe ſervent
lse Dames des Indes.

Le plan de la Loge de la
Compagnie des Indes, à Chandernagor.

Différents houragans, ou petits paniers faits d'écorces d'arbres par les Sauvages du Canada.

Le Souï, liqueur rouge, qui
ſe fait au Japon, & qui eſt peu
connue en France ; les Indiens
en font un grand uſage. Ce
ſeroit un excèlent Reſtaurant,
pour réparer les forces d'un
malade convaleſcent, ou d'un
homme fatigué. Les Indiens
en abuſent, afin d'exciter en
eux une paſſion qui ne les do-
mine déja que trop. L'incon-
tinence eſt un des deſordres
règnants dans les Indes, & cependant il n'eſt rien que ces
malhûreux Idolâtres ne mé-

tent en œuvre, pour l'augmenter, & la fortifier en eux.
Tout ce que j'ai pû savoir de
cette composition, c'est que sa
baze est de jus de bœuf à moitié cuit. Les Japonnois sont
fort jaloux de ce secret. Ils
rangent le Souï entre les mar-
chandises qu'ils estiment davantage ; parce que cette drogue leur attire le commerce
des Indiens, qui viendroient
au Japon par le seul empressement qu'ils ont d'avoir de
cette liqueur.

Quelques Monnoies des In-
des.

F I N.

TABLE
DES MATIERES.

TABLE

LES VEGETAUX.

LES ANIMAUX.

Fin de la Table.